びっくり! たのしい!
おもしろい!

造形 かがく遊び

著 **築地制作所**

JN039852

小学館

　夢中になっておもちゃを作り、とことんまで遊びつくし、いろんな発見がある。造形遊びの楽しさと、かがく遊びのおもしろさが合体した「造形かがく遊び」全126の遊びをドーンと紹介します。

　手作りしたおもちゃで遊びながら、空気、風、水、音、色、光と影、ゴム、ひも、ボール、玉、磁石、静電気、鏡という、私たちの身近にあるエレメンツ（要素）や素材の性質・特徴を、知らず知らずのうちに体感に落とし込んでいくことができます。

　「空気って、つかまえることができるんだ！」「水は冷たくて気持ちいい！」「影って不思議だな」「これとこれを混ぜたら、どんな色になるかな？」。そんなたくさんの発見が、遊びの中に隠れています。子どもたちの「びっくり！ たのしい！ おもしろい！」という笑顔の花がたくさん咲きますように。さっそく、いっしょに遊びましょう！

*子どもにとって作り方が難しい部分は、大人が手助けしてください。

＊造形かがく遊びは子どもの安全に留意してお楽しみください。

第1章

空気と風で遊ぼう！

目には見えない空気の不思議。まずは、ポリ袋や風船に入れて、その存在を確かめてみましょう。
遊んでいるうちに、「縮む」「動く」「風になる」など空気の性質を、頭ではなく体で知ることができます。

空気の力でスーッと滑る

ペンギンカーリング

飲み口はケガ
しないように
カバーします。

ポンポンとたたいて、ポリ袋にあけた穴から空気を入れ、
床の上を滑らせます。床とポリ袋の間に空気の層ができるので、
気持ちよくスーッと走る！

用意するもの

ポリ袋、セロハンテープ、発泡トレイ、両面テープ、
空き缶、色画用紙、ビー玉など（重り）

作り方

1　ポリ袋の口を2回折って、空気がもれないようにセロハンテープでしっかりとめる。ポリ袋の片面の真ん中を円状に切り取る。反対の面を発泡トレイの内側に両面テープで貼りつける。

2　色画用紙を切ってペンギンのパーツを作り、空き缶に貼る。ペンギン本体は発泡トレイの上に両面テープで貼る。このとき、中心より進行方向のやや後方に貼る。

3　よく滑るように、ペンギンの空き缶の中にビー玉などの重りを入れ、飲み口はセロハンテープなどでカバーする。

遊び方

かたくて平らな床の上で遊ぶ。トレイを軽くポンポンと床にたたくと、下のポリ袋がふくらんでくる。十分ふくらんだら、ペンギンのおしりあたりに手を添え、カーリングのように前へ押し出す。ペンギンはスーッとなめらかに床を滑っていく。

造形かがく遊びQ&A

どうして床にポンポンたたくとポリ袋がふくらむの？

ポンポンと床をたたく際、ポリ袋の穴から周辺の空気が入ってきます。連続してたたかれているので、中に入った空気は外に出ずに閉じ込められ、ポリ袋がふくらむのです。

造形かがく遊びQ&A

どうしてスーッと滑るの？

ポリ袋の中の空気が少しずつ押し出され、床とポリ袋の間にごく薄い空気の層を作ります。これにより浮いた状態となって摩擦が少なくなり、スーッと滑るのです。

ポンポンポリ袋

空気を入れたカラフルなポリ袋をたくさん用意して、
プールにしたり、つなげてポンポンにしたり、
いろいろ遊びが広がります。

用意するもの

カラフルなポリ袋（レジ袋）、輪ゴム

作り方

1 ポリ袋に空気を入れて結ぶ。
2 結び目に輪ゴムをひっかけ、
　2個、3個とつなぐ。

造形のコツ
空気が抜けやすいので、結び
目はポリ袋の持ち手部分に
かからないようしっかり縛る。

1個

2個

遊び方 1
ボール遊びを
しても楽しい！

遊び方 2
両手に持って、
チアリーダー！

3個

4個

つなぎ方は簡単！ 結び
口に輪ゴムを引っかけ
てとめるだけ。

遊びの発展

用意するもの（共通）

カラフルなポリ袋（レジ袋）、輪ゴム

ポンポンイモムシくん

用意するもの

油性ペン

作り方

ポリ袋を輪ゴムでたくさん
つないでイモムシを作る。顔の
ポリ袋には油性ペンで目や口を描く。

ポンポンプール

用意するもの

ダンボール板、カラー粘着テープ

作り方

イラストのようにダンボール板で囲みを作って、カラー粘着
テープで貼り、ポンポンポリ袋をたくさん入れてプールを作る。

ポリ袋を使って空気をつかまえよう！

フワっとニャン＆スノーマン

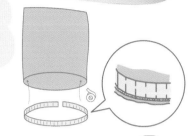

ポリ袋に空気を入れて遊びましょう。
「見えない空気をつかまえられるかな？」
そんな言葉かけで、遊びをスタート。

用意するもの（共通）

ポリ袋、ダンボール板、両面テープ

シンプル基本形

作り方

1　ダンボール板を2〜3cmほどの幅で帯状に切る。
2　使用するポリ袋の口の内側に沿って1を両面テープで貼る。
　　余った分は切り落とす。ポリ袋の縁が5mmくらいはみ出すように貼るとよい。
3　床に落としてふくらませてみて、重りが軽いときは帯を重ねてつけ足す。

造形のコツ

ダンボールの帯は、紙の目に対して直角に切り、紙の目に合わせて2cmくらいの間隔で折り目を入れておくとよい。

フワッとニャン

用意するもの

セロハンテープ、油性ペン

作り方

1　基本形の作り方と同様。
2　ポリ袋の底の端のやや内側部分を引っぱりたたんだ状態で、セロハンテープでとめる。反対側も同じようにして耳に見立てる。油性ペンで顔を描く。

遊び方 1

まずは空気をつかまえよう！

ポリ袋の口を持ち、手を動かしたり、走ったりしながら、ポリ袋に空気を入れる遊びから始めてみよう。どうやったら、空気を「つかまえられる」かな？

遊び方 2

投げて空気をとらえよう！

輪の部分にポリ袋を軽くたたんで、ポリ袋に空気が入るように輪を投げる。うまく空気をとらえると、ポリ袋がふくらんで着地する。

投げ方のコツ

輪の中にふんわりとポリ袋を入れてたたみ込み、虫とり網で虫をつかまえるような感じで、軽く投げる。どう投げたら空気が入りやすいか、いろいろ試してみよう。

ボヨヨン・スノーマン

空気を入れると雪だるまになった！

用意するもの

セロハンテープ、
油性ペン、細い糸

作り方

1　基本形の作り方と同様。
2　ポリ袋の底の両端をそれぞれ中に折り込んでセロハンテープでとめ、角を丸くする。油性ペンで顔を描く。
3　細い糸で輪を作り（輪はスノーマンの首の太さ）、ポリ袋に通し、適当な高さでセロハンテープでとめる。

ビッグボール

空気が縮んで戻ろうとする力（＝弾力）が感じられる、簡単に作れるボール。よく弾むので楽しく遊べます。

用意するもの

大きなポリ袋、セロハンテープ、ビニールテープ

作り方

1　ポリ袋に空気を入れてふくらませ、口を結んでしっかり閉じる。
2　ポリ袋の底の両角にセロハンテープを貼り、それぞれ内側に引っぱって貼りつける。
3　ビニールテープを2の周囲にぐるりと貼っていく。軽く引っぱりながら貼ると、空気がぱんぱんに入ったボールになる。

よく弾むよ！

遊び方

キャッチボールをしたり、大玉送りをしたり、ボール遊びを楽しもう。

アレンジアイデア

2〜3個つなげた輪ゴムを、ボールの結び目などにテープでしっかりとつけると、大きなヨーヨーとしても遊べる。

しましまドラゴン

カラフルなポリ袋をつなぎ合わせて、しっぽの部分を輪ゴムでとめるだけ。運動会の競技にも使える！

用意するもの

同じ大きさで色違いのポリ袋（2〜3色）、ダンボール板、輪ゴム、セロハンテープ、両面テープ、白いビニールテープ、黒の油性ペン

作り方

1　ポリ袋をそれぞれ適当な幅に口と並行になるように切る。
2　1をセロハンテープでしま模様になるように貼り合わせる。
3　頭になるポリ袋には、左ページの「シンプル基本形」と同様に口の部分にダンボール板を切った帯を両面テープで貼る。白いビニールテープで作った目を貼り、油性ペンで黒目を描く。
4　尾になるポリ袋には輪ゴムをかけ、ポリ袋をすぼませる。

造形のコツ

尾の部分は完全に輪ゴムでふさぐのではなく、空気の逃げ道を残しておく。

遊び方

ドラゴンの口を持ち、走ってドラゴンの口に空気を入れて遊ぶ。

7

両手で同時にバンっとたたく！

ダンボール箱の空気砲

ダンボール箱をたたいたときに噴き出す空気が紙コップを飛ばす仕組み。
箱は立てても、横にしてもOK。

用意するもの

ダンボール箱、布粘着テープ、紙コップ、
紙テープ、色画用紙、カラーペン、丸シール

作り方

1 ダンボール箱を組み立て、開口部を
　布粘着テープでしっかり貼る。

2 紙コップの底が入るくらいの穴をあ
　ける。穴のまわりに丸シールで飾り
　をつける。

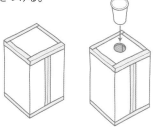

3 紙コップの口部分を縦に3〜4cmくら
　い切り、同じ向きに斜めに折り曲げる
　（A）。また、紙コップの側面に紙テー
　プや色画用紙を切って作った翼を貼
　ると小さなロケットになる（B・C）。

紙コップを
そのまま
使ってもOK！

紙コップに細工を
するとクルクル
回りながら飛びます

遊び方

紙コップを穴にセットし
てダンボール箱の側面
を両手のひらでたたい
て紙コップを飛ばす。横
にも上にも飛ばせる。

バンバン紙吹雪

「おめでとう！」の場面にうれしい紙吹雪。
ペットボトルの中の空気に力を加えて遊びます。
色とりどりの紙吹雪を降らせてみましょう。

用意するもの

ペットボトル（四角い形でかたいもの）、ポリ袋、
色画用紙、折り紙、お花紙、ビニールテープ、
両面テープ、輪ゴム、丸シールなど

作り方

発射台
色画用紙を丸めて
ペットボトルの口
の太さの紙筒を作
り、ビニールテープ
でペットボトルの口
にとめる。底に両面
テープで色画用紙を
貼る。

紙玉
お花紙を丸め
て玉にする。

紙吹雪
折り紙を小さ
く切る。

ペットボトルの広い面をバン！とたたこう

遊び方

丸めたお花紙（紙玉）を
筒に詰めてから、その上
に折り紙の紙吹雪を入れ
てセット。ペットボトルの
両サイドを手で叩くと、紙
吹雪が飛び出す。

紙吹雪の仕掛け方

紙吹雪
紙玉

でかポリ・サンドバッグ

大きめのカラーポリ袋をつなぎ合わせて、
空気を入れ、ひもで吊るせば、サンドバッグの完成！

用意するもの

カラーポリ袋（同じサイズを2枚）、透明粘着テープ、
輪ゴム、ひも、布粘着テープ、ビニールテープ

作り方

1 2枚のポリ袋の口を揃えて空気がもれないよう
　に透明粘着テープでしっかりと貼り合わせる。

2 上のポリ袋の両端を結んで透明粘着テープでと
　める。下のポリ袋の片隅を切り取り、ここから
　中に空気を入れてふくらませる（空気入れやド
　ライヤーなどを使うと楽にできる）。ふくらん
　だら空気口を輪ゴムで縛ってとめる。

3 ポリ袋に布粘着テープやビニールテープを貼り、
　顔や模様にする。ポリ袋の上に透明粘着テープ
　でひもをつけ、天井などからぶら下げる。

造形のコツ
作業時は平らな場所で、
ポリ袋が動かないよう
に文鎮などを使うと、
きれいに貼りやすい。

遊び方

サンドバッグのようにたたいて遊ぶ。破れ
たら上からテープを貼って修理しよう！

手のひらで押すと**ロケット**が**飛び上がる**！

ロケット発射

空気の移動を利用したおもちゃ。
下のポリ袋に入った空気を押すと、上に空気が動きます。

用意するもの

ポテトチップスなどの円筒形の空き容器とふた、傘袋、レジ袋、
紙皿、紙コップ（小）、輪ゴム（平ゴムがよい）、色画用紙、
丸シール、セロハンテープ、両面テープ

作り方

1　空き容器の底はくりぬいておく。

2　紙皿の中心に円形の穴をあけ、1の空き容器
　を通す。容器の口に傘袋をかぶせ、空気が漏
　れないように、セロハンテープで貼りつける。

3　傘袋の上部に両面テープで空き容器のふたを
　つける。ふたの上には色画用紙や丸シールで
　飾った紙コップのロケットをセロハンテープ
　で貼りつける。

4　空き容器の下にレジ袋をかぶせ、輪ゴムで口
　をとめる。このとき、レジ袋に空気を入れて
　ふくらませておく。

遊び方

傘袋を容器の中に押し込み、ふく
らんだレジ袋の上の紙皿を両手で
押すと、ロケットが飛び出す。くり
返して遊べるが、ポリ袋の空気が
少なくなったら、空気を入れ直す。

造形かがく遊びQ&A

**どうしてロケットが
飛び出すの？**

レジ袋に入っている空気が押さ
れて、傘袋へ移動するからです。

押す

飛んだ〜！

たたいても、たたいても絶対に起き上がる！

フラフラパンチくん

空気を入れてふくらませたゴム風船を筒状のエアクッションの中に
たくさん詰めた、起き上がりこぼし。

用意するもの

ボウル、重り（粘土や粘着テープなど）、エアクッション、
45ℓのポリ袋（薄手のもの）、ゴム風船、粘着テープ、両面テープ

作り方

1 ボウルの底（内側）に、重りを粘着
テープで貼りつける。

2 ボウルを土台にして、ぐるりとエア
クッションを筒状に貼る。その中に
45ℓの薄いポリ袋を入れ、小さく
ふくらませたゴム風船を十数個押し
込んで、上を粘着テープでとめる。

3 イラストのようにエアクッションの
両端を折り、それぞれにふくらませ
たゴム風船の口の部分を粘着テープ
でとめる。

4 楕円形に切ったエアクッションに粘
着テープを貼って顔を作り、両面
テープで本体に貼る。

造形のコツ

ボウルは底の平らな部分が
小さく、形が丸っこいものが
よい。重りは軽すぎると起き
上がらないので調整しよう。

造形かがく遊びQ&A

どうして、起き上がるの？

ボウルの底に重心があり、倒れても
元に戻ろうとする力が働くからです。

遊び方

起き上がってくる起き
上がりこぼしを、たた
いたり、パンチしたり
して遊ぶ。

えいっ！っと倒しても
やっぱり起き上がる。

スイッと空気に乗せよう

飛べ飛べ
トレイグライダー

発泡トレイを切って、クリップをつけるだけで、
風に乗って飛ぶ飛行機が作れます。

用意するもの

発泡トレイ（底が平らで広いもの）、
6mm幅など小さめのダブルクリップ、
ビニールテープ、強力両面テープ

作り方

1　発泡トレイをイラスト（A）
　のように切り、飛行機の左右
　の翼を作る。

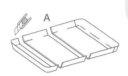

2　それぞれの翼の片側先端部
　分（縁）を垂直に切り落とす。
　その部分に強力両面テープを
　細く切って2枚を貼りつける。
　さらに接合部の上下からビ
　ニールテープを貼る。

3　機首になる側にダブルクリッ
　プをはさんで重しにする。

4　ビニールテープなどで飾る。

遊びの発展

いろいろグライダー

翼にしっぽをつけたり、大きな1枚の発泡トレイを翼にしたり、
いろいろな飛行機を作って、飛ばしてみよう。

小さなトレイを2個用意して、
それぞれから1枚の翼を切り
出し、貼り合わせる。

基本形の飛行
機に荷造り用の
ひもをつける。

トレイの上下を逆さにして、
真ん中にカットしたトレイを
貼って機体にする。

遊び方

飛行機と床が平行になる
ように持ち、力を入れずに、
そのままスッと押し出して、
飛ばす。空気に乗せるよう
なイメージで。

遊びのアドバイス
何度も飛ばしながら、重
しの大きさを変えたり、と
める位置を動かしたりして、
よく飛ぶように調整する。

バルーンジェットGO!

風船が押し出す空気の力で進みます。
風船の口につけるストローがポイント。

＊風船が進むイメージ

用意するもの

ゴム風船、太いストロー、ビニールテープ、
たこ糸など細いロープ、セロハンテープ

風船がゆるくて取れる場合は
ビニールテープを巻き足す。

作り方

1　ストローを5〜6cmの長さに切り、片側にゴム風船の口より少し大きくなるまでビニールテープを巻く。

2　ゴム風船の口を広げて、1のビニールテープ部分を入れる。

3　ストローを10cmくらいの長さに切り、たこ糸などのロープに通す。ロープがたるまないようにピンと張る。

4　ゴム風船をふくらませ、空気が漏れないように手で口を押さえながら、3のストローにセロハンテープで貼りつける。

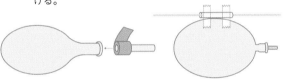

遊び方

ロープの左右を大人が持つ（片方を壁にテープで貼るなどしてもOK）。風船をふくらませ、空気が抜けないように口を押さえながらスタート位置にセットし、手を離し、風船を走らせる。2回目からは、右の写真のようにそのまま空気を入れて風船をふくらませる。

遊びの発展

紙皿スピナー

バルーンジェットを紙皿につけて、回します。

用意するもの

ゴム風船、曲がるストロー（太いタイプ）、
ビニールテープ、紙皿、ボタン、
丸シール、両面テープ

裏側

作り方

1　曲がるストローを5〜6cmの長さに切り（じゃばら部分を含む）、片側にゴム風船の口より少し大きくなるまでビニールテープを巻き、ゴム風船の口を広げて入れる。

2　紙皿の表面の中心に両面テープを小さく貼っておく。まわりを丸シールなどで飾る。

3　紙皿の裏面の中心に両面テープでボタンを貼る。

4　ゴム風船をふくらませ、空気が漏れないように口を手で押さえながら、2の両面テープに貼る。

5　ストローを横向きに曲げて、手を離す。

遊び方

紙皿に風船をセットしたら、手を離す。ストローの口が横を向いていると、空気が出る勢いで、紙皿がくるくる回る。2回目からは、紙皿に風船をつけたまま空気を入れる。

風で走らせよう！

パタパタうちわ帆かけカー

風を受けて進む帆かけ舟のように、風の力で動く車を作って遊びましょう。

ポリカー

サラカー

トレイカー

用意するもの

ティッシュ箱、ペットボトルのふた8個、ストロー 2本、竹ひご2本、ダンボール板（以上、共通の車1台分）、ビニールテープ、発泡トレイ、紙皿、ポリ袋、工作用紙、セロハンテープ、千枚通し

作り方

車の部分（共通）

1　ティッシュ箱底面の前方と後方に、箱の縦幅（短辺）より少しだけ長めに切ったストローを貼る（進行方向と直角になるように）。

2　ペットボトルのふたの中心に千枚通しで穴をあける。穴は竹ひごがしっかり、とまる大きさになるよう少しずつ大きくしていく。まずは内側になるふたに竹ひごを押し込む。次に、外側のふたを押し込む。ふたつのふたをぴったりくっつけて、ビニールテープを巻いてとめる。

3　タイヤがひとつついた竹ひごを車体のストローに通し、反対側のタイヤも同じように作る。飛び出した竹ひごは、適当な長さで切り落とす。もうひと組の車輪も同じように作る。

造形のコツ

帆がしっかり風を受けられるように、直角三角形に切ったダンボール板を帆の裏側に取りつける。

ポリカー

1　ティッシュ箱の大きさにダンボール板を切る。

2　ポリ袋の口の内側に、帯状に切った工作用紙をセロハンテープで貼る。

3　小さく切ったダンボール板で土台につける部分を補強し、セロハンテープで土台に貼りつける。

4　3を車の上部にセロハンテープで貼る。

トレイカー

1　ティッシュ箱の大きさにダンボール板を切る。

2　箱の縦幅（短辺）に合わせて発泡トレイの下部を切り取り、ダンボール板の中央あたりにセロハンテープで貼りつける。

3　直角三角形に切ったダンボール板をセロハンテープで貼り、帆の支えにする。

4　3を車の上部にセロハンテープで貼る。

サラカー

1　ティッシュ箱の大きさにダンボール板を切る。

2　箱の縦幅（短辺）に合わせて紙皿の下部に切り込みを入れて折り、ダンボール板の中央あたりにセロハンテープで貼りつける。

3　直角三角形に切ったダンボール板をセロハンテープで貼り、帆の支えにする。

4　3を車の上部にセロハンテープで貼る。

遊び方

どんどん進むよ！

車の帆にうちわなどで風を送りながら車を走らせる。定位置から風を送って車がどこまで走るかにチャレンジしたり、車を追いながら風を送ってスピードを競っても楽しい。

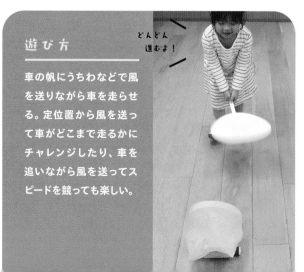

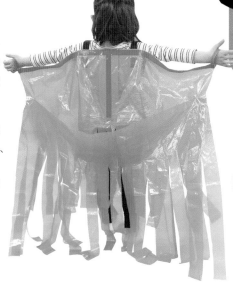

ふわっとマント

軽くて丈夫なポリ袋は、風遊びにぴったり！
風の力でたなびいたり、ふくらんだり。
遊びながら全身で風を感じましょう。

用意するもの

45ℓのカラーポリ袋、ダンボール板、輪ゴム（平）2個、
面ファスナーつきゴムベルト（ない場合は平ゴムでもOK）、
木工用接着剤、両面テープ、透明粘着テープ、
ビニールテープ

作り方

背当て

1 2枚のダンボール板をイラストのようなちり取りの形になるよう切り、木工用接着剤で貼り合せる。大きさは子どもの背中くらい。

2 左右の肩の近くになる部分に2か所切り込みを入れ、それぞれ面ファスナーつきゴムベルトを通して透明粘着テープで固定する。

遊び方

カラーポリ袋で作ったマントを装着して走る。見えない風を感じながら遊ぼう。

ひらひらタイプの後ろ姿

ふんわかタイプ

作り方

1 背当ての中心部の縦の長さに合わせ、ポリ袋の口の一部を粘着テープで貼りつける。左右対称となるように、もう一方も貼る。

2 左右それぞれのポリ袋の口の先に、指を通す輪ゴム（平）を粘着テープで貼る。

ひらひらタイプ

作り方

1 ポリ袋を開いて切り、2枚にする。

2 2枚ともイラストのように切り込みを入れ、下部をすだれ状にする。

3 背当てにTの字の形に両面テープを貼り、2のうちの1枚を上部に揃えて貼りつける。

4 貼りつけたポリから10cmほど下にずらして、もう1枚の両端を両面テープで貼りつける。

5 1枚目のポリの両端に、指を通すための輪ゴム（平）を粘着テープで貼る。

15

風を見よう！

8の字形風車

色画用紙で作った
筒のストッパー

ふたつの輪を立体的に交差して貼り合わせた8の字形の風車は、少しの風を受けただけでも、クルクルとよく回ります。たくさん作って窓辺に飾り、見えない風を「見て」遊びましょう。

用意するもの

色画用紙、紙ストロー（直径6mm）、細いロープなど軸になるもの、コンパス、両面テープ、穴あけパンチ（穴の直径6mm）、木工用接着剤

作り方

1　色画用紙に直径12cmの円をコンパスで描いて切る。そこに直径6cmの同心円を描き、輪に切れ目を入れて中の円を切り取りドーナツ状にする。これをふたつ作る。
2　それぞれの輪の切れ目を1.5cmほど重ねて、立体交差するように8の字形にふたつの輪を両面テープで貼り合わせる。
3　貼り合わせた2か所の中心部に、それぞれパンチで穴をあけ、6cmくらいに切った紙ストローを内側からそれぞれ穴にやさしく押し込んで通す。
4　それぞれ外へ1cmくらいストローが出た位置で、つけ根部分に木工用接着剤を塗り、風車の羽根を固定する。接着剤が乾き、しっかりくっつくまで待つ。
5　ストローに細いロープを通す。上の写真のように色画用紙を丸めて作ったストッパーを風車の間に入れるとよい。

風で回そう！

ぐるぐるスネーク

紙皿を切ってひもを通しただけで作れる簡単おもちゃ。とぐろを巻いたヘビが、風を受けてぐるぐると回ります。新体操のリボンを回している気分にもなれます。

用意するもの

紙皿（18cmくらい）、ストロー、細いひも（リリアンなど）、ビーズ、千枚通し、カラーペン、丸シール、ビニールテープ

作り方

1　紙皿の中心点に印をつけ、うずまき状に線を描き、はさみで切る。うずまきは2周くらいがよい。真ん中は少し大きめにしてヘビの顔にする。
2　中心点に千枚通しで穴をあける。
3　紙皿の底を上にして置く。短く切ったストローの先にひもをつけ、もう一方のひもの先を紙皿の穴に通し、ビーズをくぐらせて抜けないようにひもを結ぶ。ストローの両端をビニールテープでカバーする。
4　カラーペンや丸シールを使って、顔や体の模様を描く。

造形のコツ

紙皿の裏面にヘビの絵を描くので、うずまきを下書きするときは、皿の凹面に描くときれいにできる。

紙袋ふいご

空気を送り出す「ふいご」を紙袋で作り、
そこから出てくる風を肌で感じて遊びましょう。

裏面

蛇腹を閉じると、
ストローから
空気が出る。

用意するもの

同じ紙袋ふたつ（持ち手が取れるもの）、
厚めのダンボール板、ストロー（太めがよい）、
色画用紙、両面テープ、カラー布粘着テープ

作り方

1. ふたつの紙袋の持ち手を取り外す。
2. それぞれの紙袋の片面を、イラストのように底側を残して同じコの字形に切り落とす。
3. ふたつの紙袋のコの字部分を両面テープで、しっかりと貼り合わせる。貼り合わせた紙袋の外側にも布粘着テープを貼って補強する。
4. 紙袋に持ち手の穴がある場合は布粘着テープでふさぐ。紙袋の底は半分に谷折りしておく。
5. 厚めのダンボール板を2枚、紙袋より左右それぞれ1cmほど大きめに切り出す。それぞれを紙袋の外側に、袋の開口部に揃えて両面テープで貼る。
6. 開口部の真ん中に短く切ったストローをはさんで、布粘着テープでダンボール板を貼り合わせる。空気が漏れないようにストローのまわりは念入りに布粘着テープでとめる。
7. ダンボール板を帯状に切って取っ手を作る。力がかかるので2枚重ねにして、持ちやすいように折ったものを本体の両側に両面テープと布粘着テープで貼る。
8. 色画用紙を貼ったり絵を描いて装飾する。

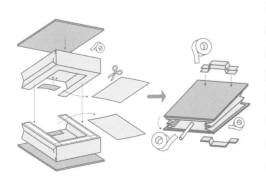

遊び方

持ち手を持ち、ゆっくりと蛇腹を開いたり閉じたりしながら、ストローから出る風を感じて楽しむ。

(遊びの発展)

ニョロニョロ空気くん

紙袋ふいごのストローの先につけた
傘袋の人形をふくらませたり、
しぼませたりして遊ぼう。

作り方

1. 油性ペンで顔を描いた傘袋を適当な長さに切り、短く切ったストローを差し込んで輪ゴムでとめる。
2. ストローの端に切り込みを入れて、風マシンのストローにかぶせて、つなげる。

離れた場所でおしゃべりしよう！

もしもしチューブ

トイレットペーパーの芯をつなげて作った伝声管。
パーツの組み合わせ方で、いろいろな場所に設置できます。

用意するもの

トイレットペーパーの芯、紙コップ（極小、小）、セロハンテープ、ビニールテープ、輪ゴム（作業の補助で使用）

作り方

1　コーナーになる部分を4個作る。トイレットペーパーの芯の筒の直径を測り、その長さまで輪ゴムを斜めにかけて目安にし（輪ゴムの縁はセロハンテープで仮どめ）、芯の端を斜めに切り、斜めに切った筒2本をビニールテープでつなぐ。

2　セットする場所に合わせて、筒をセロハンテープやビニールテープでつなげる。

3　送受信口には、底をくりぬいた紙コップ（極小）を差し込み、さらにもうひとつ底をくりぬいた紙コップ（小）を差してセロハンテープでとめる。

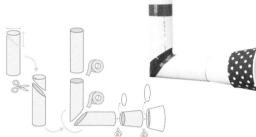

遊び方

写真のように棚にセットしたり、壁をはさんでお互いの顔が見えない場所に取りつけたりして、会話を楽しむ。

もしもし、
あのね……

なになに、
ふふふ……

エルフの聞き耳キャップ

森に住むという小さな妖精（エルフ）のような耳キャップ。
カップ麺の容器と工作用紙で簡単に作れます。

遊び方

頭にかぶって、耳を澄ませる。

妖精さんの
声が聞こえて
くる!?

用意するもの

工作用紙、ダンボール板、輪ゴム、
カップ麺の容器ふたつ、荷造り用ひも、
セロハンテープ、両面テープ

作り方

1 頭に巻く紙ベルトを工作用紙で作る。帯状
   に切った両端を折り返し、輪ゴムをかけてセ
   ロハンテープでとめる。

2 カップ麺の底に丸く穴をあけ、1か所をV字に切り、
   耳を作る。

3 ダンボール板をイラスト（A）のように切り、丸く
   穴をあけ（作り方2の穴と同じ大きさ）、紙ベルトの
   左右の内側にセロハンテープや両面テープで貼りつ
   ける。これが、2の耳
   をつける土台となる。

4 3の土台に2を両面
   テープとセロハンテー
   プで貼りつける。

5 紙ベルトのまわりに、
   荷造り用ひもを丸め
   たものを両面テープ
   で貼りつけて飾る。

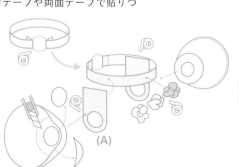

(A)

造形のコツ

カップ麺の底にあける穴は、
子どもの耳がすっぽりと入る
くらいの大きさにすると、工作
用紙との接着がしやすくなる。

19

ふわふわタコくん

ドライヤーの風でゴム風船のタコを踊らせましょう。
ペットボトルのふたが重りになります。

用意するもの

ゴム風船、ペットボトルのふた、キラキラテープ、丸シール、
色画用紙、500mℓの紙パック、セロハンテープ、ドライヤー

作り方

1　風船をふくらませ、結び口に
　　ペットボトルのふたをセロハン
　　テープでつける。キラキラテー
　　プ、丸シールで飾り、タコを作る。
2　色画用紙で魚を作る。
3　紙パックのふたつの側面にド
　　ライヤーを差し込む穴をあけ
　　る。注ぎ口を切り取り、4つの
　　角に切り込みを入れ、開いた
　　接着面に2の魚をセロハンテー
　　プで貼る。

遊び方

ドライヤーを作り方3の穴
に差し込み、送風（クー
ル）し、タコを浮かせる。

宇宙ケン玉

ふくらませたゴム風船のケン玉にチャレンジ。
ゆっくりとした動きが、宇宙にいるみたいでおもしろい！

用意するもの

ゴム風船、アルミホイルなどの箱、
カップ麺などの容器（大、中）、ゼリーなどの容器、
たこ糸、両面テープ、セロハンテープ、ビニールテープ

作り方

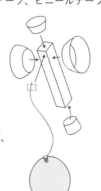

1　イラストのように、アルミホ
　　イルなどの細長い空き箱（ビ
　　ニールテープで閉じたもの）
　　に空き容器を両面テープとセ
　　ロハンテープでつける。
2　風船をふくらませて口を結び、
　　たこ糸を結びつけ、本体にセ
　　ロハンテープで貼る。

遊び方

ケン玉の要領で、
風船を容器の皿
で受けとめる。

ぜったいに揚がる凧

A4コピー用紙2枚で作れる簡単な凧。
凧が風をとらえグイッと揚がる瞬間、
見えない「空気」の力を感じてみましょう。

用意するもの

A4のコピー用紙2枚、
長さが21cm以上のストロー2本、たこ糸、
セロハンテープ、カラーペン、シールなど

作り方

1 A4のコピー用紙1枚（本体）を縦に半分に折り、折り線から3cmのところで左右折り返す。両端下部を寸法図のサイズで斜めに切り落とす。真ん中の折れ目をくっつけてセロハンテープで貼り合わせる。

2 凧にペンで絵を描いたり、シールで飾る。

3 1本のストローの端から7cmの位置にたこ糸をしっかり結び、動かないようにセロハンテープを貼る。これを1の前部にセロハンテープで貼りつける。

4 もう1本のストローは両端を凧の後ろ上部にセロハンテープで貼りつける。

5 もう1枚のコピー用紙（尾）は約3.5cmの帯に切り、3〜4枚を基準にセロハンテープでつなげて凧の下部に貼り、尾にする。

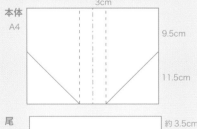

7cm

アドバイス

揚げてみて、尾の長さを変えるなどして調整する。

造形のコツ

凧が揚がるかどうかの決め手となるのが、糸目（揚げ糸を結ぶ点）。この凧の場合、ストローの上端から7cmがちょうどいい位置なので、この糸目がずれないように、しっかりととめる。

絵や模様を描くときは、組み立てる前がやりやすい。
曲がるストローを使う場合は、曲がる部分にもテープを貼って曲がらないようにする（2本とも）。

持ち手は、たこ糸の芯棒をそのまま利用すると便利。

A4コピー用紙で作る凧の寸法図

本体 A4		3cm	
			9.5cm
			11.5cm

尾	約3.5cm

やまおり
たにおり

遊び方

2人組になって、操者が糸を持ち、もうひとりが風下で凧を持ち、上へ押すようにして手を離す。操者は最初は糸を短めに持ち、走りながら凧の面が風をとらえたら、糸をくり出す。すると、凧がスルスルと揚がっていく。

どんどん揚がっていくよ、楽しいね！

21

第2章

水で遊ぼう！

手を洗う、お風呂に入る、飲むなど……身近な水。遊びながら、水の不思議を感じてみましょう。
噴水を作ったり、ものを浮かせたり、シャボン玉を飛ばしたり。水の性質って、とってもおもしろい！

ペットボトルの水が口から噴き出すよ

イカ・タコびっくり噴水

ペットボトルの位置を高くすると、
中の水が、タコやイカの口からピューっと出てきます。
ホースを差してあるだけなのに水が出てくる感覚が不思議！

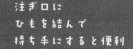
注ぎ口に
ひもを結んで
持ち手にすると便利

用意するもの

ペットボトル（1〜2ℓ）、
ビニールホース（約150cm、太さは鉛筆くらい）、
鉛筆のキャップ（先に穴があいているもの）、
大きめの発泡トレイ、
ビニールテープ、油性ペン

作り方

1　鉛筆のキャップにビニールホースの端を差し込み、ビニールテープでしっかりとめる。

2　発泡トレイに油性ペンで絵を描き、キャップを差し込む穴をあけて反対側からホースにつけたキャップの先を出す。

遊び方

空気が入らないように気をつけながらホースの中を水で満たし、ホースの先を水を満たんに入れたペットボトルの底まで入れる。発泡トレイを水に浮かせて、ペットボトルの位置を高くすると噴水が上がる。

ポンプで水鉄砲

シャンプーやボディーソープの容器にビニールホースをつけると、ポンプ式水鉄砲のでき上がり。
噴き出し口の鉛筆のキャップの穴が小さいので、勢いよく水が出ます。

用意するもの

ポンプ式の容器（透明なものは100円ショップなどで入手可能）、
ビニールホース（約20cm、太さは鉛筆ぐらい）、
鉛筆のキャップ（先に穴があいているもの）、ビニールテープ

作り方

ビニールホースの端を鉛筆の
キャップに差し込んで、ビ
ニールテープでしっかりとめ、
もう片方の端をポンプの口に
差し込んで同様にとめる。

スタンダードタイプ

遊び方 1

容器を下に置いて、
片手でキャップを
持ち、力いっぱい
ポンプを押すと水
が出る。

遊び方 2

容器に穴をあけて洗面器に入れれば、
水を補給できるので長く遊べる。

**洗面器
補給タイプ**

造形のコツ

穴をあけて、切
り口をビニー
ルテープでカ
バーする。

水を飛び越して、ひんやり

ライン噴水

穴をあけたペットボトルをつなげた噴水です。ホースのジョイントを活用すると、
いろいろな場所で遊べて、おもしろさが倍増！

用意するもの

お茶などのペットボトル5本程度
（500㎖、肩の部分が丸いドーム状になっているもの）、
ホース（内径15㎜）、スーパーボール、ホースのジョイント（あると便利）、
ストロー、輪ゴム、ビニールテープ、千枚通し

作り方

1　5本のペットボトルのうち4本の底を切り取る。
2　ペットボトルの口の部分をほかのペットボトルに差し込んで5本を仮組みしてつなげる。
3　それぞれのペットボトルの側面に、千枚通しで2か所の穴をあける。あけた穴が同じ方向（上）を向くように、ペットボトルの位置を調整して、ビニールテープを巻いてつなぐ。このとき、中にスーパーボールを数個入れる。小さなボールを入れたときは、あちこちへ行かないように、ペットボトルの口にストローをかませ、輪ゴムでとめてストッパーにする。
4　ペットボトルの口にホースをビニールテープでしっかりとめる。

遊び方

ホースをつないだ水道の蛇口を開き、水をペットボトルに流す。穴から噴水のように水が出るので、またいだりして遊ぶ。水を入れるときはゆっくりと蛇口を開き、噴水の高さを見ながら水の量を調整しよう。

造形のコツ

短く切ったホースにジョイントをつければ、取り外しが楽で、遊んだあとに外しておくことができる。

ブロー親子クジラ

ペットボトルの形をクジラに見立てた、シンプルな
水鉄砲。いろいろな大きさで作ってみよう。

用意するもの

炭酸飲料の円筒形のペットボトルとふた、
曲がるストロー（細いタイプ）、ビニールテープ、
工作用接着剤（プラスチックが接着できるもの）、千枚通し

作り方

1　ペットボトルの底から1/3くらいのところに、千枚通し
　　でストローを通す穴をあける。
2　ストローを少し曲げて左下の図のように穴から差し込
　　み、ペットボトルの対面につくようにした状態で、穴の
　　まわりに接着剤をつけて固定する。そのまま1日おいて
　　接着剤を乾かす。
3　ビニールテープを貼り、クジラの顔やひれ、尾を作る。
　　＊　大小のペットボトルで作れば、親子クジラになる。

造形のコツ

1　穴をあけるときはストローを
　　当ててみながら少しずつ大き
　　くする。
2　曲がるストローはボトルを押し
　　たとき、クジラの口側にスライ
　　ドするような向きにつける。
3　穴に接着剤をつけるときは、ス
　　トローを数ミリ上下に動かしな
　　がらやるとよい。穴から出てい
　　るストローは切って短くする。

遊び方

ペットボトルに水を
入れてふたを閉め、
穴が上に向いた状
態で背中のあたり
を押すと、クジラが
潮を吹く。

押す

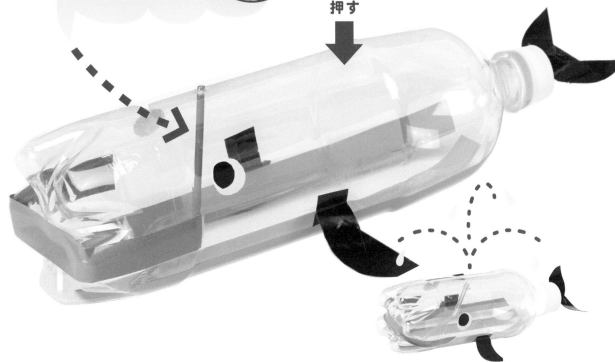

見て、ひんやり

浮沈子のぷかぷかクラゲ

ペットボトルを握るとクラゲが下へ沈みます。
手を離すと上へ浮かびます。不思議な浮沈子のおもちゃ。

用意するもの

2ℓの炭酸飲料のペットボトルとふた、
ボトル型のしょうゆ差し2個、小さなナット数個、
ビー玉2～3個、荷造り用ひも、園芸用の小石など（飾り用）、
両面テープ（水に強いもの）、洗面器（浮力の調整用）

作り方

1　ボトル型のしょうゆ差しのま
　わりに、細く切った両面テー
　プをぐるりと貼り、荷造り用
　ひもをスカート状に貼りつけ
　る。これを適当な幅で裂き、
　クラゲを作る。ふたを外した
　しょうゆ差しの口にナットを
　はめ、少し水を入れて浮力を
　調整する（造形のコツ参照）。
2　クラゲと同様にビー玉に荷造
　り用ひもを貼り、水草を作る。
3　ペットボトルに園芸用の小石、
　1と2を入れて水を満タンに
　して、ふたをする。

造形のコツ

ペットボトルのふたを閉めるとク
ラゲが沈んでしまうときは、ほんの
少しペットボトルを押しながらふ
たを閉めるとよい。

ボトルを手で握る

クラゲが下へ沈む

手を離すと、浮かぶ

遊び方

ペットボトルを手で握
ると、中のクラゲが沈
み、手を離すと浮く。そ
の様子を見て楽しむ。

造形のコツ

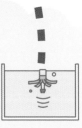

洗面器に水を入れ、しょうゆ
差しにも少し水を吸わせ、浮
かべてみる。沈めてもゆっく
り浮かんでくるくらいの浮力
になるように調整する。

ペット&パックのししおどし

水に強い素材、ペットボトルと紙パックで作った「ししおどし」。
ジョウロで水を入れると、ししおどしが動いて音を鳴らすよ。

水を注ぐと……
ししおどしが動いて

音が鳴る♪

遊び方

ジョウロで水を注ぐと、水の重さでししおどしが手前に傾き、水がこぼれると（受け皿として洗面器などを置くとよい）、反対側に傾く。そのとき、ペットボトルの口が空き缶に当たって音が鳴る。空き缶の以外のものを置いて、音を聞き比べるのも楽しい。

ししおどし

用意するもの

2ℓのペットボトル2本、500㎖の紙パック1本、1ℓの紙パック4本、
木の棒（27㎝くらい）、ビニールテープ、透明粘着テープ、
工作用接着剤（プラスチックが接着できるもの）、千枚通し、ピンポン球

作り方

1 2ℓのペットボトル1本の上部を斜めに切り落とし、もう1本のペットボトルと底を合わせて接着剤で貼りつける。

2 切ってないほうのペットボトルの底から少し上の部分に、木の棒を通す穴を千枚通しで両側にあける。穴が小さいときは、切り広げる。

3 2のペットボトルの上部にコの字に切り込みを入れ、そこからピンポン球を数個入れる。切り込みはビニールテープでふさぐ。

4 紙パックで土台を作る。それぞれの紙パックの口を開き、4つの角に切り込みを入れ、折りたたんで透明粘着テープでとめ、直方体にする。1ℓの紙パック2本を逆さTの字になるよう透明粘着テープで貼りつける。これを2組作り、間に500㎖の紙パックを貼りつけてつなぐ。

5 ペットボトルの本体に木の棒を差し込んで、4の土台に渡し、ビニールテープで土台に貼りつける。

6 切り口のカバーや飾りとしてビニールテープを貼る。

ジョウロ

用意するもの

500㎖のペットボトル、
乳酸菌飲料の容器、工作用接着剤、
ビニールテープ、千枚通し

作り方

1 ペットボトル（500㎖）の側面上部にカッターで四角い穴をあけ、水を入れる口にする。切り口のまわりはビニールテープでカバーする。

2 乳酸菌飲料の容器の底に千枚通しで穴を6つほどあける。

3 1と2の口を合わせて、ビニールテープで巻いて貼りつける。

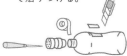

泡ってなーに？ まずは泡を作って見てみよう！

泡タンク

まず最初に、水の中に泡を作って、その泡を見てみましょう。
さて、泡の中身の正体は何でしょう？

ゴム風船タンク

用意するもの

ゴム風船、
曲がるストロー、
ビニールテープ、
水槽など

遊び方

泡タンクのタンク部分（ゴム風船、ポリ袋）に空気を入れて、ストローの先を水の中につける。
ゴム風船の場合は、ストローの先を押さえながら水につけて、手を離す。ポリ袋タンクの場合は、タンク部分を手で押す。

ストローの先を押さえていた手を離したら、勢いよく空気の泡が出てきた！

作り方

1　ゴム風船の口のかたい部分を切り取る。

2　曲がるストローを適当な長さに切り、1の口に差し込み、ビニールテープでしっかりと巻きながらとめる。

ポリ袋を両手で押さえたら、ストローの先から空気の泡が出てきた！

ポリ袋タンク

用意するもの

ポリ袋、曲がるストロー、
ビニールテープ、水槽など

作り方

1　ポリ袋の口部分を固結びして、底のひとつの角部分を切り取る。

2　曲がるストローを適当な長さに切り、1の角口に差し込み、ビニールテープでしっかりと巻きながらとめる。

プクプククラゲ

「ポリ袋タンク」の泡をクラゲの体に入れると、
ぶくぶくっと、クラゲが浮き上がる！ 夏の水遊びにもぴったりです。

用意するもの

ポリ袋、ビー玉、輪ゴム、油性ペン、丸シール、
ビニールテープ、水槽など、28ページで作ったポリ袋タンク

作り方

1 ポリ袋の底の両隅に
　ビー玉を入れる。

2 イラストのように、そ
　れぞれを輪ゴムで結ぶ。

3 底部分を切り取り、縁
　にビニールテープを貼
　る。口部分を結ぶ（口
　部分を結ぶ前に、顔を
　描いたりしても楽しい）。

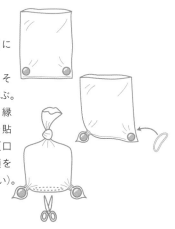

遊び方

水の中にプクプククラゲを沈
めたら、ポリ袋タンクの
ストローの先を水に
浸し、クラゲの中に
泡が入るように泡
を出す。クラゲの
中に空気がたまる
と、クラゲが浮き上
がってくる！

「ゴム風船タンク」の**エンジン**で**船**を**走らせてみよう！**

泡ブクブク船

水の中の泡は、とってもパワフル。
船を走らせる原動力にもなるのです。
どのくらいの距離を進むかな？

用意するもの

発泡トレイ、ビニールテープ、千枚通し、
28ページで作ったゴム風船タンク、
曲がるストロー2本、ビニールプールなど

作り方

1　発泡トレイの片側をイラストのように切り、もう片側の底の中心にストローを通す穴を千枚通しで開ける。

2　飾りの旗を作る。曲がるストロー2本を用意し、適当な長さに切り、ビニールテープを貼って旗にし、イラストのように船に貼る。写真のように船の先に発泡トレイを切って貼り、ビニールテープで窓をつけてもよい。

3　ゴム風船タンク（＊作り方は、28ページを参照）を1の穴に差し込み、ビニールテープで固定する。

遊び方

ゴム風船タンクを船にセットして、風船をふくらませ、ストローの口を押さえながら、水面に置いて、手を離す。

プラスチックの
容器をそのまま
船体にしてもOK！

ブクブクと
泡が出た！

帆かけ舟とパドル船

うちわで起こした風が動力の帆かけ舟と、
輪ゴムが動力のパドル船です。

帆かけ舟

用意するもの

発泡トレイ2枚、
カラー粘着テープ、
うちわ

作り方

帆にする発泡トレイの
下の縁を切り取り、船
体にするトレイの真ん
中に立て、カラー粘着
テープでとめる。

パドル船

用意するもの

発泡トレイ2〜3枚、丸棒1本、
ストロー1本、
輪ゴム2本、ビニールテープ

パドル
パドル
切り込み
ストロー
ワッシャー

作り方

1 発泡トレイの側面にパドル用の穴をあける。
左右の穴にはそれぞれ短く切ったストローを
差し込み、丸棒を通す。3cm角ほどに切った発
泡トレイに穴をあけ、ワッシャーとして丸棒
の両側に通し、6cm角ほどに切った発泡トレイ
のパドルをビニールテープでしっかりとめる。

2 輪ゴム2本をつないで丸棒の真ん中にとりつけ
る。船体の先に切り込みを入れてひっかける。

3 納豆などの小さな容器を船尾に飾りつけると
船らしくなる。

遊び方

水に浮かべ、うちわで
あおいで進ませる。

遊び方

片方のパドルの丸棒を
持ち、船体を回して輪ゴ
ムを巻く。水面に置いて
から手を離すと、パドル
が回転して進んでいく。

水に浮かべて
出発進行！

31

小さな**泡**と大きな**泡**が**出**てきた！

泡ふきボトル

ボディーソープを水で薄めた石けん水で、
泡を作って遊びましょう。網目の大きさで
泡の大きさが変わることに気づくかな？

大きい泡用

用意するもの

ペットボトル（500mℓ）、
網（野菜や果物が入っていたもの）、
両面テープ、ビニールテープ、
ボディーソープ、水

作り方

1　500mℓのペットボトルを真ん
　中から少し下あたりで切る。

2　ペットボトルの切り口に、両
　面テープで網（野菜や果物な
　どが入っていたもの）を張り、
　ビニールテープでとめる。

─両面テープ

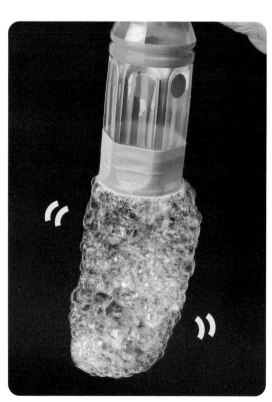

遊び方

ボディーソープを水で薄めた（1：1くらい）
石けん水に、「泡ふきボトル」の網・ガーゼ
の部分をつけ、ペットボトルの口部分から
シャボン玉の要領で息を吹き、泡を出す。

小さい泡用

用意するもの

ペットボトル（500mℓ）、ガーゼ、
両面テープ、ビニールテープ、
ボディーソープ、水

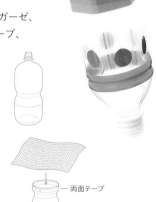

作り方

1　500mℓのペットボトル
　を真ん中から少し下
　あたりで切る。

2　ペットボトルの切り
　口に、両面テープで
　ガーゼを張り、ビニー
　ルテープでとめる。

─両面テープ

紙コップや器にクリームを搾り出し、スポンジで目と口をつけたよ!

ポリ袋で泡を作ろう!

モコモコクリーム遊び

ボディーソープをポリ袋で泡立てて、
クリームを搾り出し、ごっこ遊びを楽しみましょう!

用意するもの

ボディーソープ（よく泡立つもの）、泡ポンプボトル、水、
ポリ袋（ある程度大きいもの）、トレイなどの容器各種、
クリアファイル、スポンジなど

作り方

1 ボディーソープと水を1：5くらいの割合で泡ポンプ
   ボトルに入れてよく混ぜる。
2 ポリ袋に1の泡を出し、ポリ袋の中でさらに泡立てる。
3 ポリ袋の角を小さく切り取り、そこから泡を搾り出す。

卵パックの容器に入れたら、何に見える?

造形のコツ

作り方2のとき、スポンジを入れて揉むと、さらに泡立ちやすくなる。ソープによって泡立ち具合が変わるので、水の量を加減して調整を。

遊び方

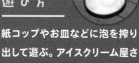

紙コップやお皿などに泡を搾り出して遊ぶ。アイスクリーム屋さんごっこ、ケーキ屋さんごっこなど、遊びが広がる。

注意 ⚠

子どもが泡やスポンジなどを口にしないよう、目を離さないようにしてください。

クリアファイルを飛行機の形に切って、クリーム雲の上に置いてみた!

《 遊びの発展 》

カラフル★モコモコ

食紅で色水を作り、それを泡に混ぜ、カラフルなクリームを作って遊ぼう! 水気が多いと泡が立ちにくくなるので、調整しながら泡立てよう。

3色ジェラートみたいだね!

色つき泡をお弁当箱に詰めて、お弁当屋さん!

いろいろな道具で飛ばそう！

強くて割れにくいシャボン玉を作ろう！

ストロー、テープの芯、ハンガー、100円ショップで売っている道具など、身近なものでシャボン玉を飛ばしてみましょう。吹いたり、振ったりして、どんな大きさのシャボン玉ができるか、試してみましょう。

用意するもの

ストロー（太いもの、細いもの）、ゼリーなどの小さなプラスチック容器、ネコのトイレ用スコップ、ハンガー、チェーン、焼き網、うちわの骨、千枚通し、ビニールテープ（透明）、テープの芯

先割れストロー

作り方

1 太いストローの片端に、はさみで4 〜6つの切り込みを入れ広げる。
2 ストローは扱いやすい長さに切る。

ミニプラカップ

作り方

1 細いストローの片端に、はさみで4つの切り込みを入れる。
2 ゼリーなどの小さなプラ容器の底に千枚通しでストローを通す穴をあける。
3 ストローを穴に通し、4つに切った端を広げて容器の内側にビニールテープで貼りつける。

100円ショップで売っている、ネコのトイレ用のスコップ。

シャボン液の作り方

水500㎖（精製水、なければ水道水を一度沸かして冷ましたもの）、洗濯のり60㎖（成分にPVAと書いてあるもの）、グリセリン25㎖を静かに混ぜ、最後に台所洗剤（食器用洗剤）60㎖を加えて混ぜる。

＊シャボン玉を強くしたいときは洗濯のりを増量（120㎖くらいまで）してみよう。

60㎖ 25㎖ 60㎖〜
500㎖
台所洗剤 グリセリン 洗濯のり

注意 ⚠

シャボン玉液をストローなどで吸い込まなように、注意してください。

ネコ砂スコップ

テープの芯

ハンガー

チェーン

焼き網

うちわの骨

100円ショップで売っている、プラスチックのチェーン。

100円ショップで売っている、プラスチックのハンガー。

100円ショップで売っている、焼き網。

手作りうちわキットに入っている、土台の骨を活用。

用意するもの

使い終わったテープの芯など、適当な太さのロープ

作り方

テープの芯にロープを2～3回くぐらせ、持ちやすいように外側に巻いて結ぶ。

遊びの発展

息を吹いたり、道具を振ったりしてシャボン玉を飛ばしたら、シャボン玉をキャッチしたり、壁にくっつけたりして、遊びましょう。

ウールの手袋や軍手をはめると、シャボン玉をキャッチすることができます。

ダンボールに黒いフェルトを貼ったものにシャボン玉を吹きつけて、くっついたりする様子を見て楽しみましょう。どんな色かな？ シャボン玉同士がくっつく面はどうなっているのかな？

水を通して見ると、**世界**が変わる！

コップと水で遊ぼう

水を入れたコップやペットボトルを通して、いろいろなものを見てみましょう。
あれあれ？　不思議な形に見えて、おもしろい！
見え方の変化を楽しみながら遊びましょう。

遊び方 **1**

ストローがどんなふうに見えるかな？

透明なコップに水を入れて、ストローを入れて見ると……。
太くなったり、曲がったり、とっても不思議でおもしろい！

用意するもの　透明なコップ、ストロー、水

水が入っていないとストローはそのままに見えるね。

水を入れたコップの手前のほうにストローを入れたよ。そのまま見えるね。

ストローを奥のほうに入れると、太くなった！

ストローを斜めに差したら、あれ、ちぎれちゃったよ！

ストローを取り出し、コップの後ろ側に当てたら、ぐんにゃり曲がった！

いろんな形のコップやペットボトルで
ぐんにゃり変化を見てみよう

おもしろい形の変化を発見しよう！

用意するもの　いろいろな形の透明なコップ、ペットボトル、フォーク、水

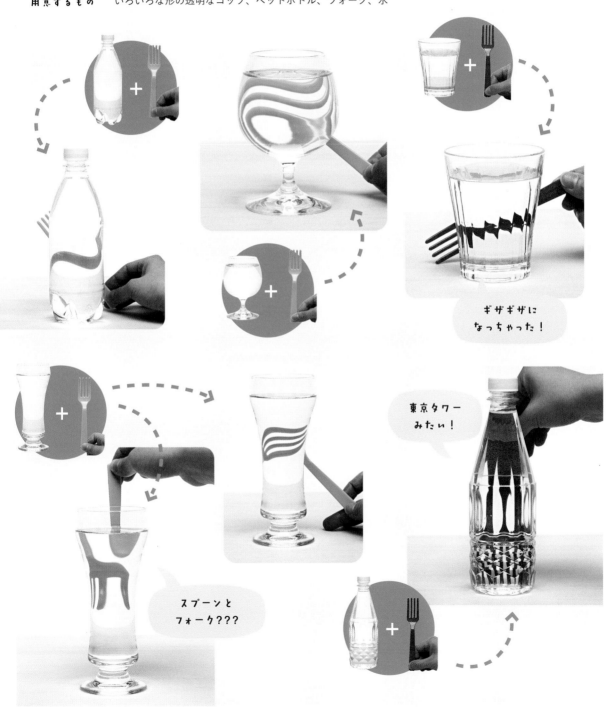

ギザギザに
なっちゃった！

スプーンと
フォーク？？？

東京タワー
みたい！

液体なの？個体なの？不思議な触り心地

ねとねとスライム作り

感触遊びの定番アイテム、スライム作りに挑戦してみましょう！

用意するもの

PVA洗濯のり、ホウ砂、水（お湯）、食紅や絵の具、計量カップ、
使い捨てカップふたつ（ひとつは大きめがよい）、
割りばしなどかき混ぜるもの

作り方

1　カップ（1）に、洗濯のり100mℓと水100mℓを入れて混ぜる。
　着色する場合は食紅などを入れる。

2　カップ（2）に、水50mℓとホウ砂4gを入れて溶かす。
　＊お湯を使うとよく溶ける。

3　カップ（1）にカップ（2）の液を少しずつ加え、素早くかき混ぜる。程
　よいかたさになるまでこれをくり返す（2の液を使い切る必要はない）。
　＊排水溝には流さずに、適切に廃棄する。

造形のコツ
素早く、念入りにかき
混ぜるのがコツ。最後
はけっこう力がいる。

遊びの発展

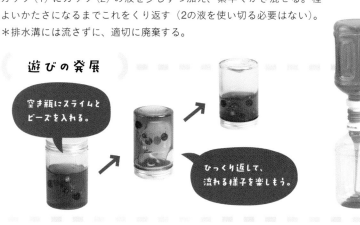

空き瓶にスライムと
ビーズを入れる。

ひっくり返して、
流れる様子を楽しもう。

ペットボトル2個を
つなぎ合わせる。

ゆっくりと落ちる様子が
おもしろい！

不思議な片栗粉

片栗粉に水を加えて混ぜ、それを触ってみましょう。
素早く押すとかたくて、ゆっくり触るとやわらかい。同じ片栗粉液なのに、不思議！
　どうして？　これは、「ダイラタンシー」という現象です。片栗粉に水を加える分
量や、触り方、握り方でどのように状態が異なるのかなど、子どもと一緒に、いろ
いろと試してみてください（水が多すぎると、この現象は起きにくくなります）。

ゆっくり触ると……

指が片栗粉液の中に
ズブッと入っていく。

素早く強く触ると……

表面がかたくなり、
指は入らない。

食紅をプラスすると
サラサラスライム

片栗粉に水と食紅を混ぜて作
る、サラサラスライム。手で握
ると固体になるけれど、手を開
くとさらさらと流れ出します。

土と水を混ぜて遊ぼう

園芸店で売っているいろいろな土を用意して、水を加えて、どんなふうになるのか見てみましょう。
コーヒー牛乳？　味噌汁？　それともココアかな？

用意するもの

荒木田土、鹿沼土、赤玉土、黒土、
金づち、透明のプラスチックコップ、水、
割りばし、ビニール袋

**鹿沼土、赤玉土は粒が大きいので、ビニール袋に
入れて口を縛り、金づちでたたいて細かく砕いておく。**

＼コンコン！／

遊び方

プラスチックコップにそれぞれの
土を入れて、水を加え、割りばしな
どでかき混ぜる。色の違いや質感、
すぐに沈んでしまうものなど、それ
ぞれの土の違いを見つける。

黒土　→

赤玉土　→

→　鹿沼土

→　荒木田土

荒木田土

泥絵の具で絵を描こう!

土と水をよく混ぜ合わせると、泥の絵の具がで
きあがり！ クレヨンや絵の具で絵を描くのが苦
手な子どもも、この泥絵の具だと伸び伸びと大
きな絵を描き始めたりします。

用意するもの

荒木田土、鹿沼土、赤玉土、
黒土、コップ、水、太めの筆、画用紙

鹿沼土

遊び方

コップに土と水を入れて
よく混ぜ合わせ、太めの
筆で画用紙に絵を描く。

赤玉土

黒土

造形かがく遊びQ&A

土って何から
できているの？

土は岩と生き物（動物や植物など）
からできています。長い長い時間を
かけて砕かれた岩に、バクテリア、コ
ケ、落ち葉、動物や虫の死骸などがた
まって、分解され、土になっていきま
す。森で1cmの土が積もるまで100年
ほどかかると考えられています。

第3章

音で遊ぼう！

身近にある素材で、簡単に楽器が作れます。たたいたり、弾いたり、こすったりして、音を出して楽しみましょう。いろいろな音の違いを聞き分けたり、みんなで一緒に合奏したり、いつだって音楽と一緒です。

低音でリズムを刻む

ダン・ベース

弦（ゴム）をつま弾くと、低い音がします。
指で弦を押さえて弾じくなどし、
音の違いを聞き分けてみましょう。

造形のコツ

弦（ゴム）は、強く引っぱって張ったほうが高い音が出る。ただし、あまり強く張ると壊れやすいので注意。

用意するもの

薄型の大きなダンボール箱、ダンボール板、
カラー丸ゴム（ヘアゴム）、
丈夫なプラ容器、工作用接着剤、
粘着テープ、強力両面テープ

作り方

1　ダンボール板でネックになる部分を作る。適当な長さに切り、二等辺三角形に折り、粘着テープでとめる（A）。

2　本体になるダンボール箱の片面を粘着テープで閉じる。ダンボール箱からネックを装着する部分を切り取る。1をはめ、ダンボール箱の内側から粘着テープでしっかりとめる。

3　本体にf字孔（音を外に出す穴）をカッターで切る。ダンボール箱の裏側を閉じ、粘着テープでとめる。

4　ネックの両端につける、弦（ゴム）を張るためのパーツを作る。ネックの幅に合わせてダンボール板を切り、直角三角形になるように折って粘着テープでとめる。直角の角に弦の数（2〜3本が適当）だけカッターで切り込みを入れる（B）。

5　ネックの両端に4を工作用接着剤で貼り、さらに粘着テープでしっかり接着し、弦のゴムを張る。それぞれゴムの端に結びを作り、4の切り込みにひっかける。張ったあとはゴムが外れないように小さく切ったダンボール板を粘着テープで貼る（C）。

6　補強のためネック下の本体にダンボール板を強力両面テープで貼りつける（D）。

7　エンドピンと呼ばれる支えの部分を作る。プラ容器の口の形に合わせてダンボール板を切り、容器の口に工作用接着剤で貼る。さらにそれを本体の下部の真ん中に貼りつける（E）。

遊び方

作り方7のエンドピンを床に当て、ベースを抱きかかえるようにして持ち、指で弦（ゴム）をつま弾く。

ミュージック・ベスト

たたいたり、こすったりすると音が出るいろいろな
楽器を装着したベストです。

用意するもの

ダンボール板、面ファスナーつきゴムベルト（片端がフック面、もう片端がループ面のもの）、
紙箱、プラ容器3つ、おかずパックの容器ふたつ、鳴き笛、ペットボトルのふた、鈴、輪ゴム、糸、小さくて細めのプラ容器、
アルミホイルなどの芯（ばちに使用）、工作用接着剤、粘着テープ、ビニールテープ、強力両面テープ、千枚通し

作り方

1 体のサイズに合わせてダンボール板を2枚（前面用、
背面用）切り、角を切り落とす。

2 前面のダンボール板の内側に面ファスナーつきのゴ
ムベルトの片端のループ面部分を切ってから強力両
面テープで貼る。全部で6本（肩にかけるもの、肩に
装着用、腰に装着用をそれぞれ2本ずつ）貼る。

3 背面のダンボール板の外側に2のベルトから切り離した
面ファスナーのループ面を4つ、強力両面テープで貼る。

4 前面の外側（表側）に音の出るものを貼っていく。紙
箱を工作用接着剤で貼った太鼓。片面ダンボール板
のギロ。長細く切ったダンボール板を折り、内側の
片面にペットボトルのふたを工作用接着剤でつけた
カスタネット。鳴き笛の上に丸く切ったダンボール
板を貼ったミニラッパ（以上は強力両面テープでベ
ストに接着）。

5 肩の太鼓は、プラ容器の口に輪ゴムをビニールテー
プでとめ、ベルトを輪ゴムとの間に通す。装着時に
肩の位置に調整する。

6 腰の太鼓は、おかずパックの容器に輪ゴムをビニー
ルテープでとめ、ベルトを輪ゴムとの間に通す。装
着時に位置を調整。

7 背面のダンボール板の外側中央には、プラ容器に穴
を千枚通しであけ、鈴をつけた糸を通しぶら下げた
ものをビニールテープで貼りつける。

8 ばちを作る。小さくて細めのプラ容器にアルミホイル
などの芯を切って、粘着テープでとめ持ち手にする。

遊び方

作り方3の背面に貼った上のループ面に肩からの2本
ずつを、下のループ面に腰からの1本ずつをくっつけ
て、装着。ばちで太鼓をたたいたり、ギロを弾いたり、
指でミニラッパを押して鳴らしたりして遊ぶ。

カスタ
ネット

肩太鼓

ギロ

ミニラッパ

腹太鼓

腰太鼓

前面

背面

背面

ばち

コンコンといい音がする

イージー・カスタネット

紙パックで作るシンプルな楽器。
木のダボのぶつかる音が、紙パックに響いて広がります。

用意するもの

1ℓの紙パック、木製のダボ2本、
厚紙、工作用接着剤、粘着テープ

作り方

1　紙パックの上部（口の部分）を開き、角に切り込みを入れ、たたんで粘着テープでとめる。これを半分の長さで折れるように1辺を残して横に切る。

2　閉じて合わさる面に、ダボを工作用接着剤で貼りつける。貼りつける向きを上下で90度変えて、ダボがぶつかるとき十字の形になるようにする。

3　紙パック内側の面には、厚紙を巻いた指ストッパーを粘着テープで取りつける。

造形のコツ

ダボは合わせたとき、十字の形になるように貼る。割りばしを切ったものでも代用できるが、かたい木のほうがいい音がする。

遊び方

作り方3で取りつけた指ストッパーに親指を下に、残りの指を上に入れ、ダボがぶつかるように手を上下に動かして、音を鳴らす。

イージー・タンバリン

ペットボトルのふたをシンバルに見立てました。
紙パックで作れる簡単なタンバリンです。

用意するもの

1ℓの紙パック2本、
ペットボトルのふた8個、
竹ひご、厚紙、粘着テープ、
ビニールテープ、千枚通し

作り方

1 紙パックの上部（口の部分）を開き、角
  に切り込みを入れ、たたんで粘着テープ
  でとめる。それを縦半分で切り分ける。
  もう1本も同様にする。

2 切り分けた紙パックの4つの端をそれぞ
  れ差し込んで組み、口の字形になるよう
  にして粘着テープでとめる（本体）。そ
  れぞれの側面の中央部分に、4cm四方の
  窓をあける。

3 8個のペットボトルのふたの中心に千枚
  通しで穴をあける。穴をあけたふたを2
  個ずつ竹ひごに通し、本体にあけた窓の
  内側に当て、竹ひごの上下の部分を粘着
  テープでとめる。

4 本体のサイズに合わせて厚紙を切り、ビ
  ニールテープで上部に貼
  りつける。厚紙はなる
  べくピンと張るとよい。

造形のコツ

内側に中敷きがあ
るペットボトルのふ
たは、穴があきにく
いので、マイナスド
ライバーなどで中敷
きを外すとよい。

遊び方

**タンバリンを片手に
持ち、もう片方の手
のひらでたたく。持
ちにくいときは本体
の端に指を通す穴を
あけるとよい。**

43

そっと息を吹いて音を出そう

オカリナ・ポーポー

ペットボトルに穴をあけただけ。
音がよく出るストローの角度を見つけましょう！

造形のコツ
ストローの位置は貼り直しながらいい音がでるように調整。

用意するもの

500mlのペットボトル（炭酸飲料の丸形がよい）、
ストロー、丸シール、ビニールテープ、
千枚通し、穴あけポンチ

作り方

1　ペットボトルの胴体に7mm四方ほどの窓をカッターで
　　あける。

2　ストローを6cmほどの長さに切る。その片端を1cmくら
　　いで折り、折った部分の半面を切り落とす。

3　ストローの折った部分を、ペットボトルにあけた窓の
　　そば（2〜3mmあけて）にビニールテープで貼りつける。

4　千枚通しでペットボトルに2〜3個穴をあける。手に
　　したとき、指を当てやすい場所にあける。

5　穴の位置がわかりやすいように、穴あけポンチで穴を
　　あけた丸シールを本体の穴に合わせて貼る。ビニール
　　テープで飾って仕上げる。

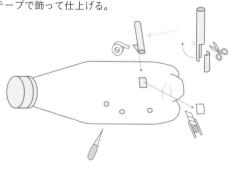

遊び方

両手でオカリナを持ち、ストローに息を吹く。指で穴をふさいで、音が変わるのを楽しむ。

やさしく吹くのがコツ

ヒューヒューうなり笛

容器にスリットを入れただけのシンプルな楽器。
昔は「鳥笛」と呼ばれ、縁日などで売られていました。

用意するもの

乳酸菌飲料などの小さな容器、
ペットボトルのふた、
ひも、ビニールテープ、千枚通し

作り方

1 乳酸菌飲料などの容器の側面に、幅4mmほどの細長い窓をあける。

2 ペットボトルのふたの真ん中に千枚通しで穴をあけ、ひもを通し、抜けないように内側で結び、ビニールテープでとめる。持ち手の端は輪にする。

3 ひもをつけたふたを1の口の部分にかぶせ、取れないようにビニールテープで貼りつける。

4 ビニールテープなどで飾って仕上げる。

こ

スピードを変えて回してみよう！

遊び方

ひもの輪に指を入れてしっかり握り、ぐるぐると大きく回して、音を出す。手を離さないように気をつける。

ちょこっとコラム

聞く遊び「導入アクション」のすすめ

楽器を作って遊ぶ前に、それぞれの楽器の特徴を子どもが発見できるようなアクションをしてみましょう。

たとえば、弦楽器の場合は、机に糸をセロハンテープで貼り、片手で引っぱり、それをつま弾き、かすかな音に耳を傾けて聞いてみる。輪ゴムを伸ばし、指で弾いてみる。打楽器なら、箱や空き缶をいろいろなものでたたいて音比べをしてみるなど。

音は空気の振動です。身近なものから聞こえる音の世界の不思議に、子どもたちの関心が向くというプロセスがあってこそ、楽器遊びが生きてきます。

ユニークな動きが楽しいでんでん太鼓！

でんでん
ゴリラ＆アオムシ

ゴム風船にビーズをつけただけで簡単に作れる、
おもしろでんでん太鼓です。

用意するもの

ゴム風船、ペンシルバルーン、紙コップ、両面テープ、
カラーロープなどのひも、ビーズ、色画用紙、
セロハンテープ、千枚通し

でんでんゴリラ

作り方

1　風船をふくらませて口を結ぶ。
2　カラーロープを適当な長さに切り、ビーズを通して抜けないように結ぶ。これをもう1本作って、風船の両サイドにセロハンテープで貼る。
3　小さめの紙コップの底に千枚通しで穴をあけ、風船の結び口をその穴から引き出し、セロハンテープでとめる。
4　色画用紙で作った顔を両面テープで貼り、仕上げる。

造形のコツ

ペンシルバルーンが長すぎる場合は、適当な長さにまで空気を入れて口を結び、余った部分は紙コップに入れる。

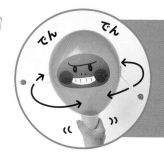

遊び方

紙コップを持ち、手首を回したり、揺らしたりして、音や動きを楽しむ。

でんでんアオムシ

作り方

1　ペンシルバルーンをふくらませて口を結ぶ。
2　紙コップに千枚通しで穴をあけ、バルーンの結び口側を差し込み、セロハンテープでとめる。
3　カラーロープを適当な長さに切り、ビーズを通して抜けないように結ぶ。これを10〜12本作って、ペンシルバルーンの両サイドにセロハンテープで貼る。
4　色画用紙で作った目を貼り、仕上げる。

風船タコぶー

風船の口にストローで作ったリード笛をつけました。
空気が抜けるときに、ブーっと音が鳴ります。

用意するもの

赤のゴム風船、小さな紙コップ（100㎖くらい）、
輪ゴム2本、ストロー、キラキラテープ、
色画用紙、千枚通し、両面テープ

作り方

1　ストローを12㎝くらいの長さに
　　切り、片側を押しつぶす。押しつ
　　ぶした先の両サイドをはさみで斜
　　めに切り落とす。これがリード笛
　　になる。
2　1のリード部分をゴム風船の口に
　　差し込み、ストローがつぶれない
　　程度に輪ゴムでとめる。
3　紙コップの底に千枚通しで穴をあ
　　け、ストローを差し込んだら、飛
　　び出た部分に輪ゴムを軽く巻き、
　　抜けないようにする。
4　紙コップの側面
　　に、色画用紙で
　　作った目やキラ
　　キラテープの足
　　を両面テープで
　　貼って仕上げる。

造形のコツ

リード笛は、ストロー
のつぶれ具合が足りな
いと、音が出にくいので、
指ではさみ、しごくよう
にしっかりとつぶす。

ふくらませると…

ブ〜〜〜♪

遊び方

ストローから空気
を入れて風船を
ふくらませて、紙
コップを持ち、音
を聞いて遊ぶ。

ポコポコきれいな音が鳴る

カップマリンバ

紙コップを並べたマリンバ。
大きさや素材によって音程が変わります。

遊び方

ばちで紙コップをたたいて、音を鳴らして遊ぶ。

用意するもの

いろいろな大きさの紙コップ（プラコップでもOK）6種類ほど、
ダンボール板、ストロー（太めで丈夫なもの）、
ピンポン球2個、粘着テープ、工作用接着剤、強力両面テープ

作り方

1　ダンボール板に紙コップを大きい順に並べて仮置きし、飲み口の直径よりやや狭い幅で印をつけ、イラストのようにカッターで切り抜いて窓をあける。それを三角柱に折り、粘着テープでとめる。

2　紙コップの飲み口の3か所に工作用接着剤をつけ、ダンボールの窓に合わせてそれぞれを貼っていく。

3　ストローにはさみで4本切り込みを入れて広げ、それぞれに細く切った強力両面テープを貼り、ピンポン球を包むようにとめ、ばち（マレット）を作る。

造形のコツ

紙コップの下に空間を作ることで音がよく響く。

紙コップの底の緑部分をたたいても、いい音がする。

紙パックのヘコヘコ

ブラジルの楽器「ヘコヘコ」を紙パックで作りました。
カッターで切れ目を入れて凸凹にしただけ。簡単です。

用意するもの

1ℓの紙パック、ダンボール板（厚紙でもOK）、
ストロー（かためのもの）、工作用接着剤、ビニールテープ

作り方

1 紙パックの飲み口を接着剤で閉じ、角の両側面に2本
ビニールテープを貼り（写真参照）、その間の角にカッ
ターで6mmくらいの間隔で切り込みを入れる。

2 凸凹になるように、切り込みをひとつおきに押し込む。

3 ダンボール板を適当な大きさに切ってイラストのよう
に折って作ったハンドルを、紙パックの上部に接着
剤で貼りつけビニール
テープでとめる。

4 ストローは適当な長さ
に切って、持ち手にビ
ニールテープを巻く。

造形のコツ

カッターで切れ目を
入れる前に、ビニール
テープを貼っておくと、
同じ長さの切り込みを
入れるのが簡単。

バラバラバラと
おもしろい音が
するよ♪

遊び方

ハンドルを持ち、スト
ローの棒で凸凹にした
角をこすって音を出す。

どんぶりハープ

どんぶり型の空き容器にゴムを張っただけ。
張り方に強弱をつけると、音階が生まれます。

用意するもの

どんぶり型空き容器、ダンボール板、輪ゴム5本（カラーだときれい）、
工作用接着剤、ビニールテープ

作り方

1 空き容器の口の大きさに合わせ、ダンボール板を丸く
切る。さらに半円よりやや小さくなるように切り、容
器の縁に接着剤で貼りつける。飾りと補強をかねて、
ビニールテープを貼る。

2 イラストのように、容器の縁
の両側に等間隔で5つずつはさ
みで切り込みを入れる。

3 それぞれの切り込みに輪ゴム
を引っかけ、弦にする。

遊び方

容器を持ち、ゴムを
つま弾いて音を出す。

指で
弾い
たり♪

やさしく
なぞっ
たり♪

ひとりでもみんなでも**遊**べて、いろんな**音色**が**楽**しめる

合体！ドラムセット

いろいろな素材で打楽器を作り、ドラムの土台にジョイントさせましょう！
打楽器単品でも遊べます。

ドラムの土台

用意するもの

1ℓの紙パック18個、紙コップ、空き容器いろいろ、
チラシ紙、洗濯ばさみ、ビニールボール（または風船）、
粘着テープ、ビニールテープ、ペットボトルのふた、
ひも、千枚通し

遊び方

一人ひとりが打楽器を手にして合奏したり、打楽器を土
台にジョイントさせてドラムセットとして遊んだりする。

作り方

チラシ棒スティック

チラシ紙を細く巻いてチラシ棒を作り、それ
を半分に折り、端をビニールテープでとめる。

ドラムの土台

1　紙パックの口の部分を開き、角に切り込
　みを入れ、たたんで粘着テープでとめる。

2　イラストのように紙パックを組み合わせ
　て粘着テープで貼り、土台を作る。

3　紙コップ、チラシ紙を細く巻いて作ったチラ
　シ棒を取りつけ、打楽器のジョイントを作る。

打楽器

空き容器にチラシ紙を細く巻いたチラシ棒をつけたり、
紙コップをつけたり、ひもをつけたりして、打楽器を作
り土台につける。

カップ麺の空き容器
の内側に紙コップ2個
を重ねてつけ、土台に
つけた紙コップに重ね
てジョイントする。

空き容器や缶の内側に
ふたつ折りにしたチラシ
棒を粘着テープでつけ、
イラストのように土台に
つけた紙コップの底に千
枚通しで穴をあけ、差し
込む（土台に貼ったペッ
トボトルのふたを受け皿
にする）。

空き缶やプラスチックの容
器に紙コップを粘着テープ
でつけ、土台につけた紙コッ
プに重ねてジョイントする。

チラシ棒に洗濯ばさみを粘着
テープで貼り、アルミやプラ
スチックの容器をはさむ。

プラスチックの空き容器
の内側に写真のように小
さい空き容器とひもをつ
け、土台に直接、結ぶ。

ビニールボール
（または風船）を
セットする。

空き缶にひもを
粘着テープで貼
り、ドラムの土
台に結びつける。

シャカシャカマシン

プラスチックの空き容器に、紙やビーズなど
異なる素材を入れ、振って音の違いを楽しみます。

丸めた折り紙

ポコポコ♪

どんな音が するかな？

シャカシャカ♪

スーパーボール

ポコポコ♪

ビーズ

カットしたストロー

ジャカジャカ♪

カットしたスポンジ

ホコホコ♪

ジャラジャラ♪

チェーンリング

用意するもの

海苔などの空き容器、
中に入れる素材
（ビーズ、折り紙、チェーンリング、スーパーボールなど）、
色画用紙やビニールテープ（装飾用）、セロハンテープ

作り方

1　折り紙を丸めてセロハンテープでとめるなど、容器の中に入れるものを準備する。ビーズなどはそのままでよい。
2　容器は色画用紙やビニールテープで飾ると華やかになる。ふたが開くのが心配なときは、セロハンテープでとめる。

速く振ったり、
ゆっくり振ったり。
音は変わるかな？

遊び方

容器の中に、丸めた折り紙やビーズなどを入れて、マラカスのように振って音を出す。入れる素材によって音が変わるので、その違いを聞き分けよう。

51

不思議 な 声 に なっちゃう よ !?

宇宙マイク

バネを仕込んだマイクで話すと、エコーがかかったような
声に変わります。宇宙でおしゃべりしているみたい!?

用意するもの

プラコップ（500mℓくらいの大きなサイズ）2個、
500mℓのペットボトル（円筒型のもの）、
ステンレス針金（直径0.5mmくらい、長さ120cmくらい）、
バネを巻く棒（直径15mmくらい）、千枚通し、
セロハンテープ、ビニールテープ

作り方

1　針金を棒に巻きつけてバネ
　　を作る。両端は引っかけら
　　れるように曲げておく。

2　ペットボトルの上部と下部
　　を切り取り、筒状にする。

3　プラコップの底に千枚通し
　　で穴をあけ、底側から1の
　　バネの端を差し込み、内側
　　をセロハンテープでとめる。

4　3の底側に2のペットボト
　　ルの筒を差し込み、ビニー
　　ルテープで貼る。

5　もうひとつのプラコップの
　　底にも穴をあけ、バネの端を底から差
　　し込み、内側をセロテープで貼る。

6　4と同様にプラコップとペットボトル
　　をビニールテープでとめる。

造形かがく遊びQ&A

どうして
音が変わるの?

バネを通って音が伝わる
とき、バネが細かく揺れて
響き合うので、エコーがか
かったように聞こえます。

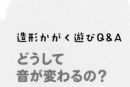

遊び方

プラコップに口を当ててしゃべり、不思
議な声を楽しむ。プラコップを棒などで
たたいて、音を聞いてもおもしろい。

注意 ⚠

**人の耳に向かって大声
で叫ばないよう注意。**

宇宙ヘルメット

ロボット形のヘルメットにコイル状の針金、
鈴やビー玉などを仕込みました。
かぶると、いろいろな音が聞こえてきます。

用意するもの

ダンボール箱、針金
（太い 1.2mを2本、細い 1.4mを2本）、
ポリ袋（透明の青など色つき）、
おかず用カップ2個（ふたつき）、
鈴2個、ひも、容器のふた、
ビー玉、ダンボール板、
丸シール、ラジオペンチ、
セロハンテープ、
粘着テープ、千枚通し、
ビニールテープ、
バネを巻く棒（直径15mm）

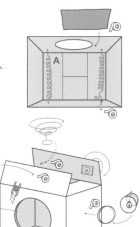

造形のコツ

まず内側から
作るほうがや
りやすい。

作り方

1 ダンボール箱の面の真ん中に、丸い穴をカッター
であけ、内側からポリ袋で覆い、セロハンテープ
で貼る。下面は全部切り落とす。

2 針金（細い）を棒に巻きつけ、バネをふたつ作る。
箱の前後の面の左右の端に2か所ずつ千枚通しで
穴をあけ、それぞれ針金の先を通し、折り曲げて
から外側をテープでとめ、その上に丸シールを貼
る（A）。

3 おかず用カップの側面に千枚通しで穴をあけ、鈴
をつけたひもを通して結び、中にぶら下げる。箱
の両側にカップのふたをセロハンテープで貼りつ
ける。ふたにカップをはめる。

4 ラジオペンチを使い、針金（太い）で渦巻き状の
アンテナをふたつ作る。ダンボール箱の上部後方
の左右の端に千枚通しで穴をあける。そこへアン
テナの下部を差し込み、倒れないように内側でぐ
るりと曲げ、セロハンテープでとめる。針金の先
にビニールテープを巻いてカバーする。

5 ビー玉数個を容器のふたに入れてダンボール板で
閉じたものを、ダンボール箱上部前方にセロハン
テープでとめる。

6 箱上部を折って閉じ、粘着テープでとめる。

遊び方

箱の下部分を手で持ちな
がら、頭にかぶる。箱を静
かに動かすと、いろいろと
不思議な音が聞こえる。

宇宙の音!?が
聞こえるよ♪

ふたのないカップの
場合は、そのままセ
ロハンテープで貼る。

第4章

色で遊ぼう！

赤、青、黄色……。いろいろな色で絵を描いたり、染めたり、色水を作ったり、色と色を混ぜたり、色を透かして見たり。色をテーマにすると遊びが広がります。カラフルな世界を存分に楽しんでください。

触って、ひんやり

カラフルかんてん遊び

注意 ⚠

かんてんと食用色素を使っているので口に入れても害はありませんが、誤食や誤飲に注意してください。

食紅などで色をつけたかんてんを用意して、感触遊びやごっこ遊び、宝探しゲームをして遊びましょう。

用意するもの

かんてん（粉でも棒状でも）、食紅などの食用色素、水、バットなどの容器、型抜き、マッシャー、ざるなどの道具

作り方

水にかんてんのもと（粉など）を入れて火にかけ、かんてんを溶かし、食用色素を入れてよく混ぜる。バットなどに入れて固まるまで冷ます。ひんやりさをアップさせたい場合は、冷蔵庫で冷やすとよい。

遊び方 1

グニュ、ニュル、グチャ、がおもしろい！

手や道具を使って、手触りや手応えを楽しもう！

かんてんを手で触ってグチャグチャにするだけでも楽しい！ ままごとなどで使っている道具を利用して、いろいろな形状にしてみよう。かんてんの形が変わるときの、グニュっという感触を味わおう！

手でつぶす

手を使って握ったり、つぶしたり。ダイナミックな感触遊びが楽しめる。ひんやりした感触がたまらない！

マッシャーでつぶす

市販のマッシャーで押しつぶす。程よい大きさに崩れ、キラキラしてきれい。

天突きで押し出す

100円ショップなどでも売っているところてんの天突きで、押し出す。

ざるでこす

ざるにかんてんを入れて、スプーンやへらでこす。

遊び方 2

キラキラ輝いておいしそう！
容器に入れて ごっこ遊び

いろいろな形状にしたかんてんを空き容器に盛りつければ、スイーツの完成。いろいろなごっこ遊びに展開しよう。

製氷皿に盛りつけて、レストランごっこ！

紙パックを切って円錐形に丸めたカップにトッピング。アイスクリームはいかがですか？

グラス形の容器に盛りつけ、ひんやりデザート！

ペットボトルに詰めれば、涼しい飾りに！

フードパックに詰めれば、お弁当だって作れる！

遊び方 3

お泊まり保育の遊びにも
宝探しゲーム

紙パックを好きな形に切りアルミホイルを巻いて作った宝物を、かんてんに入れて固める（宝物はかんてん液に浮くので、ある程度固まってから、さらに少量のかんてん液を流して覆い固める）。見て楽しんだあとは、化石発掘のような気持ちで、宝物を掘り出そう。数時間で固まるので、午前中に子どもと一緒に作って、夕方になってから宝探しゲーム大会をしても楽しい。

型で抜く

市販の抜き型やトイレットペーパーの芯、ペットボトルのふたなどを使って、形を抜く。

ネットやポリ袋で搾り出す

ポリ袋の場合は、かんてんを入れて底の角をはさみで切り、しぼり出す。

焼き網で押す

焼き網を押しつけると、キュービック状にカットできる。

不思議で美しい模様ができる！

マーブリング遊び

水面に浮かせた絵の具をつまようじでそーっと動かし、紙に写し取ると、
美しいマーブル（大理石）模様が作れます。
絵の具がすっと伸びたり、曲がったりする様子を見ているだけでもおもしろい！
どんな模様に仕上がるのか、とっても楽しみ！

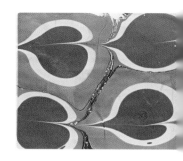

遊び方

紙にマーブル模様を写してみよう！

水面に浮かんだ絵の具は、水の動きをそのまま表してくれます。マーブリング模様は、水の動きを紙に写し取った結果といえるのです。
洗濯用のりと水を7：3くらいの割合で合わせた溶液に、水で溶いたアクリル絵の具を浮かせて遊ぶこともできますが、よりきれいに仕上げたい場合は、専用の溶液と絵の具の使用をおすすめします。

用意するもの

マーブリング溶液、
マーブリング用の絵の具、
画用紙、つまようじ、
バット（平らなトレイ）、水

＊マーブリング用の溶液（あるいは粉）と絵の具は、文具の専門店や染色材料を扱うお店で購入可能。

1　紙を折る。

画用紙の両端を折り、持ちやすくしておく。

2　バットにマーブリング溶液を1cmほど入れる。

（粉の場合は水に溶かす）

小さな気泡ができてしまったら、つまようじで泡をつぶす。

3　マーブリング絵の具を垂らす。

静かに、少しずつ絵の具を垂らす。垂らした絵の具はまわりに広がっていくが、色は混ざらない。

4 つまようじで絵の具を動かす。

絵の具をそっとゆっくり動かすのがコツ。好きなように模様を作ろう。

5 画用紙をのせる。

水面と平行にまっすぐ静かに下ろし、手を離して3〜5秒そのままキープ。

6 画用紙をそっと持ち上げ、絵の具がついた面を水で洗い流し、乾かす。

水面に残っている絵の具を再度写し取ることもできる。薄い色合いが美しい。

どんな色になるかな？ 染まるかな？

草花の色水遊び＆紙染め遊び

遊びの導入は色水作り。
まずは、草花で色水を作ってみましょう。
たっぷり遊んだら、次は絵の具の色水で、紙染めに挑戦！
どんな色に染まるかな？ どんな模様が出てくるかな？

紙を広げるときが、
ワクワク！ ドキドキ！

遊び方 1

草花で色水を作ろう！

染め遊びの導入として、まずは身近に
ある草花で色水を作って遊びましょう。

用意するもの

草や花、ビニール袋やすり鉢、すりこぎなど、水

作り方

身近にある草や花を集め、ビニール袋に入れ、水を加えて手
で揉む（こする）。あるいは、すり鉢に入れ、すりこぎで潰す。

ムギュ！
ムギュ！

どんな色を
取り出せるかな？

ゴリ！
ゴリ！

すり鉢にヨモギを
入れてすってみた！

遊び方 2

絵の具で紙を染めよう！

紙を折って、絵の具で作った色水につけ、紙
を染めて遊びましょう。思いがけない模様が
できあがって、おもしろい！

用意するもの

絵の具、障子紙、輪ゴム、
バットなどの絵の具を入れる容器、
キッチンペーパーなど
＊和紙用の染料や布用の染料を使うと、
よりきれいに染まる。

作り方

1　障子紙を好きな大きさの正方形に切り、
　三角や四角に折って、輪ゴムでとめる。

2　バットに絵の具を水で溶かし、そこに
　1の好きな部分を浸して引き上げ、キッ
　チンペーパーなどで余分な水分を取る。

3　輪ゴムを外し、ゆっくりと紙を開いて、
　乾かす。

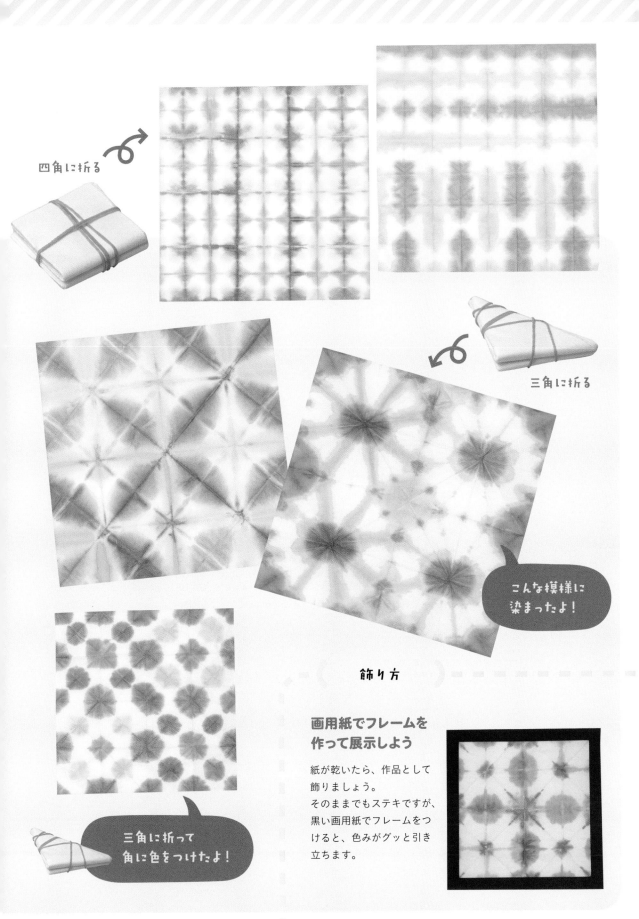

四角に折る

三角に折る

こんな模様に
染まったよ!

三角に折って
角に色をつけたよ!

飾り方

画用紙でフレームを
作って展示しよう

紙が乾いたら、作品として
飾りましょう。
そのままでもステキですが、
黒い画用紙でフレームをつ
けると、色みがグッと引き
立ちます。

とっても**簡単**！**きれいな仕上がり**！

スパイスで布を染めよう！

カレーのスパイスに欠かせないターメリック（ウコン）を使って、布を染めてみましょう。
火を使わず、すぐに染まり、輪ゴムとビー玉で絞り染めが楽しめます。

用意するもの

綿や麻など自然素材の布（ハンカチやさらしなど）、
ターメリック（粉末）、ぬるま湯、ビー玉、輪ゴム、
洗面器などの容器、
キッチンペーパー（または汚れてもいいタオル）

作り方＆遊び方

1 布を絞る

ポイント

新しい布はのりが付着して
いるので、事前に水洗いを
して、よく乾かしておく。

ビー玉を布でくるみ、
輪ゴムでしっかりとと
める。輪ゴムが「絞り」
の部分になるので、液
が染み込まないように、
きつくとめる。

2 染め液を作る

洗面器などの容器にぬるま湯
（40℃くらい）とターメリッ
クを入れ、よく混ぜて溶かす。

ポイント

ターメリック粉は、溶け残しが出
るくらいたっぷりと入れるのがコ
ツ。試し布で染まり具合を確かめ、
薄いようならターメリック粉を足す。

3 布を入れて染める

1の布を入れて染める。白い部
分が残らないように、まんべん
なく染み込ませる。

ポイント

あまり長時間、つけて
いると、輪ゴムの部分
にも液が染み込んでし
まうので、さっと引き
上げるのがコツ。

4 水で洗い、輪ゴムをほどく

染め液から
引き上げた
ら、水でさっ
と洗い流す。

キッチンペーパーや
タオルで水気を切る。

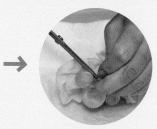

はさみで輪ゴム
を切り、ほどく。

干すのも
楽しい！

5 開いて、乾かす

布を開いて、
ビー玉を取り
出し、乾かし
て完成！

輪ゴムと
洗濯ばさみで
こんな模様が
できあがり！

布を折って、割りばしで
はさんで、輪ゴムでとめたら…
こんな模様になった！

いっぱいビー玉をくるんだよ！

いろんな野菜で
染めてみよう！

火を使って煮出さなくても、野菜で染め遊びができます。染める前に、布を無調整の豆乳に浸してタンパク質をコーティングすると、よりよく染まります。また、色素の定着を安定させる働きのあるミョウバン（食品添加物として乾物売り場などで売っているもの）を溶かした液と染め液を交互につけると、よりきれいに仕上がります。とはいえ、これらがなくても染まるので、染め遊びは十分に楽しめます。

タマネギの皮

タマネギの皮を3cm四方くらいの大きさにはさみで切る。それを洗面器や瓶などに入れて、お湯を加え、そのままひと晩ほど置く。茶色い染め液ができるので、それで布を染める。

ナスの皮

お湯にクエン酸を溶かし、そこにカットしたナスの皮を入れ、ひと晩ほど置く。ピンクの染め液ができるので、それで布を染める。

紫キャベツ

お湯にクエン酸を溶かし、そこにカットした紫キャベツ入れ、ひと晩ほど置く。赤い染め液ができるので、それで布を染める。

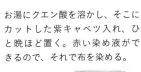

水性ペンに水を垂らすと…

じんわりにじみ絵

水性ペンのインクを水でにじませると、紙の上に色が広がります。
どんな色に変わるかな？　どんな形になるのかな？

にじみ絵を組み合わせて、
いろいろな作品を
作ってみよう！

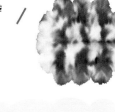

用意するもの

障子紙（ガラス成分などの少ないものがよい）、
水性カラーペン、スポイト、紙を置く受け皿など

遊び方

障子紙を手ごろなサイズに
切る。紙の中心あたりに、水
性ペンで●などの印を描く。

インクがにじんで広が
る様子を見ながら、さ
らに1滴ずつ垂らす。

紙の中央が浮いた状態
になるように受け皿に置
き、描いた●の印にスポ
イトで水を数滴垂らす。

ポイント

水性カラーペンは画材屋さん
などで売られているもののほ
うが、複雑な色の変化が楽し
める。濃い色がおすすめ。

赤、青、黄色と並べてみよう

色とりどり色水

食紅を使って、カラフルな色水を作って遊びます。
色と色を混ぜるとどんな変化があるのか、
実験ごっこもおもしろい！

用意するもの

食紅（赤、青、黄）、
ふたがあるペットボトルなどの透明な容器、
ドレッシングのボトル（色水を注ぐとき、
あると便利）

遊び方

黄色に青を
混ぜたら……。

緑に
なったよ！

ペットボトルに水と食
紅少々を入れて、よく
かき混ぜて色水を作
る。赤と青を混ぜたら、
何色になる？　黄色と
青を混ぜたら、何色に
なる？　色を合わせて、
違う色になる様子も
見て楽しもう。

造形のコツ

赤、青、黄色以
外は、2色を混
色して作る。赤
と青は強く出る
ので少なめにす
るのがコツ。

赤、青、黄色の3色があれば
いろんな色が作れるよ！

かんたんステンドグラス

透明ビニールに油性マーカーで着色。
窓ガラスに貼ったり、空間に吊るすと、光を通してきれい！

色塗りのコツ
最初は黄色など薄い色
→だんだん濃い色を塗っ
ていくときれいにできる。

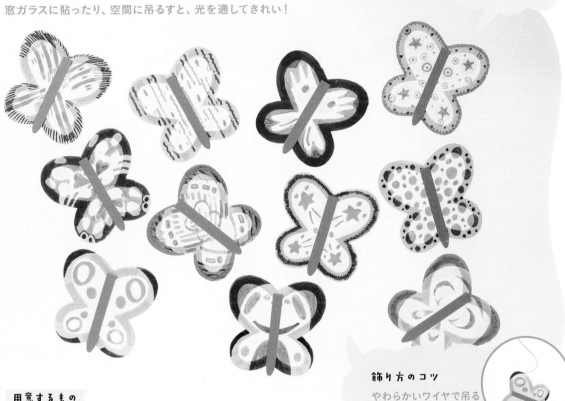

飾り方のコツ
やわらかいワイヤで吊る
すと、チョウがひらひらと
飛んでいるように見える。

用意するもの

厚紙、透明のビニール袋、
工作用接着剤（多用途。ポリ接着が可能なもの）、油性ペン

作り方

1 厚紙をふたつ折りしてチョウの形
   に切り、幅を1cmくらい残し、内側
   を切り取る。

2 1の折りを広げ、工作用接着剤を塗
   り、適当な大きさに切ったビニー
   ル袋を貼る（＊多用途接着剤は、
   接着面に塗って10分程度おいてか
   ら貼りつけるものが多い）。
   チョウの輪郭に沿ってはみ出たビ
   ニール袋を切り取る。

3 油性ペンで模様を描く。

4 厚紙を切ってチョウの胴体を作り、
   羽の真ん中に工作用接着剤で貼り
   つける。

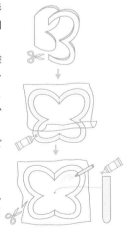

遊び方

窓ガラスに貼ったり、ひもな
どで吊るしたりする。光を
透過させて映ったカラフル
な影を見るのも楽しい。

第5章 光と影で遊ぼう！

光と影は表裏一体。切ってもきれない関係です。暗闇に浮かぶ光の世界、光に浮かぶ影の世界。どちらも引き込まれて、ずっと見ていたくなります。誰もが夢中になってしまう光と影の遊びを楽しみましょう。

お泊まり保育などで盛り上がる！

光で楽しむ海中探検！

保育室やホールに蚊帳（かや）を吊り、
その中にキラキラと光る素材で作った魚などをぶら下げます。
蚊帳の中に入り、ごろごろと寝そべりながら、
懐中電灯で魚を照らしたり、
うちわで風を送ったりしながら、海中探検をしましょう。
蚊帳の中に入るだけでも、子どもたちはワクワクしてしまうもの。
蚊帳が用意できない場合は、
アウトドア用のテントを室内に設置して、遊ぶこともできます。

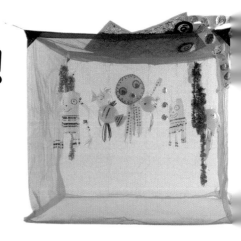

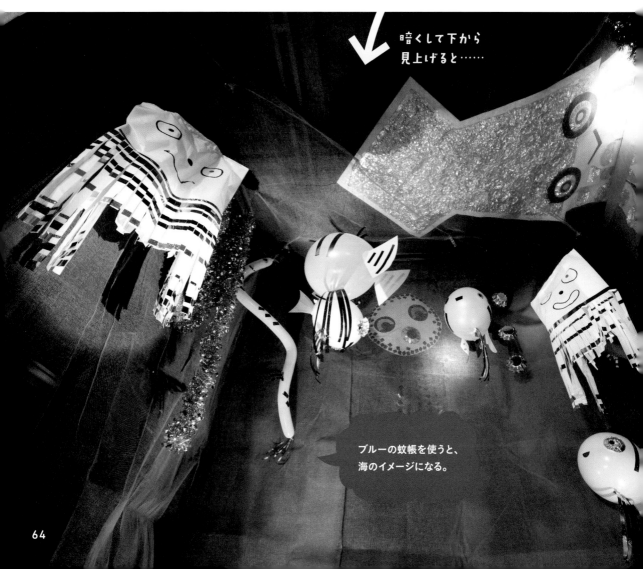

暗くして下から
見上げると……

ブルーの蚊帳を使うと、
海のイメージになる。

蚊帳を吊るしたら、糸をつけた魚などの飾りを蚊帳の天井にクリップや洗濯ばさみでとめる。大きなイカは、蚊帳の天井の上にのせると迫力が！　懐中電灯に青いセロハンを貼ったものとうちわを用意し、子どもたちが蚊帳の中で魚を照らしたり、揺らしたりして遊ぼう。

風船フグ

用意するもの

ゴム風船、折り紙、キラキラテープ、糸、セロハンテープ

作り方

1 風船をふくらませ、キラキラテープや折り紙で飾りつける。
2 吊るすための糸をセロハンテープでつける（このとき、2か所に2本の糸で吊ると安定する）。

おばけクラゲ

用意するもの

レジ袋、キラキラテープ、油性ペン、糸、セロハンテープ

作り方

1 白いレジ袋に油性ペンで顔を描き、キラキラテープを貼る。
2 写真のように、持ち手部分と袋の1/3くらいを細く切る。

風船ウミヘビ

用意するもの

ペンシルバルーン、キラキラテープ、糸、セロハンテープ

作り方

1 ペンシルバルーンをふくらませ、キラキラテープで飾りつける。
2 吊るすための糸をセロハンテープでつける（このとき、2か所に2本の糸で吊ると安定する）。

タコ

用意するもの

色画用紙、アルミカップ、アルミホイル、キラキラテープ、荷造り用ひも、セロハンテープ、両面テープ

作り方

1 ピンクの色画用紙を丸く切り、黒い色画用紙にアルミカップを貼った目や口を両面テープでつける。顔の縁をキラキラテープで飾る。
2 足は荷造り用ひもにキラキラテープを貼り、片側の端にアルミホイルを巻きつける。作った足を1の顔にセロハンテープで貼る。

巨大イカ

用意するもの

薄い紙、黒い画用紙、アルミホイル、アルミカップ、両面テープ、油性ペン

作り方

1 薄い紙でイカの頭と足を作る。
2 頭部分に、ふんわりとしわをつけたアルミホイルを両面テープで貼る。足部分にはアルミカップを貼る。
3 目は丸く切った黒い紙に、真ん中を切り抜いたアルミカップを重ねて両面テープで貼りつけ、イカの頭と足の間くらいに貼る。赤い油性ペンで口を描く。

ライトでキラキラ

アルミホイル★ミラーボール

風船をアルミホイルで包んだ簡単ミラーボール。懐中電灯で照らして、光を反射させましょう。

プラス
キラキラテープ

プラス
キラキラモール

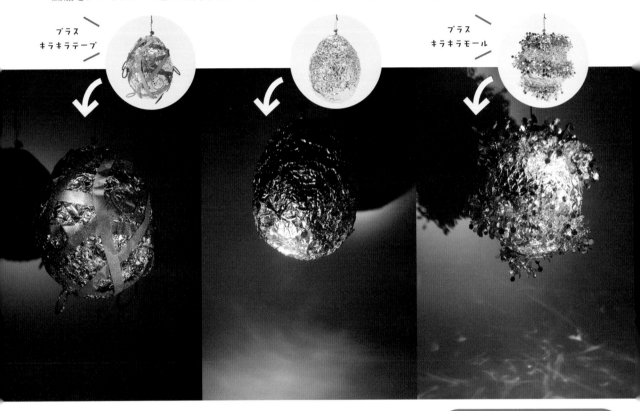

用意するもの

アルミホイル、ゴム風船、ひも、キラキラモール、キラキラテープなど、
両面テープ、セロハンテープ

作り方

1　ゴム風船をふくらませ、口を結び、口のまわりに小さく切っ
　　た両面テープを4つほど貼る。

2　ゴム風船を縦にぐるっと包める長さにアルミホイルを切り、
　　軽くしわをつける。これを2枚作る。

3　1で貼った両面テープのひとつにアルミホイルの端を貼り
　　つけ、反対側の両面テープまで縦にぐるっとアルミホイル
　　を回して包む。残った風船の面にも同じようにもう1枚を
　　貼りつける。

4　アルミホイルの形を整え、アルミホイルが重なっている部
　　分をセロハンテープでとめる。

5　さらに装飾する場合は、キラキラモールやキラキラテープ
　　などを両面テープやセロハンテープで貼る。

6　風船の口のところにひもを結び、吊り下げられるようにする。

遊び方

ミラーボールをぶら下げて、手で
軽く回転させながら、懐中電灯
で照らす。反射した光がくるくる
と回ってきれい。

＊室内を暗くして、白い壁や床の近
くにミラーボールを吊るすと、反射
の光がよく見える。

まわりどうろう

紙コップと輪ゴムで作る光の仕掛けを、
表面の紙をはがした紙パックに仕込みます。

とうろうの中

用意するもの

1ℓの紙パック、ミニライト、紙コップ、輪ゴム、ゴムバンド、穴あきビーズ、
ストロー、セロハンテープ、千枚通し、カラーペン、ビニールテープ

作り方

1 紙パックの口の部分を切り取り、
  4面の上部が三角形になるように
  切り落とす。

2 紙パックの表面の印刷面を、三角
  形の頂点からはぎ取る。

3 紙パックは上下ひっくり返して使
  う。三角形の部分は広げて折り、
  足にする。上部になる底の真ん中
  には、千枚通しで大きめの穴をあ
  けておく。カラーペンやビニール
  テープで飾りをつける。

4 紙コップを切って、光をもらすた
  めのスリットや穴をあける。底の部分の真ん中に千枚通し
  で穴をあけ、輪ゴムを通し、短く切ったストローを引っかけ、
  セロハンテープで内側からとめる。

5 ミニライトを4の紙コップの口部分に入れ、ゴムバンドでと
  める。紙コップから出ている輪ゴムを3の牛乳パックの内側
  から外側へ通し、ビーズを通してから、ストローに引っか
  けてとめる。

造形のコツ

牛乳パックの印刷面をはがすとき、
途中でちぎれたら、端をカッターで
すくい上げるようにしてはがす。

遊び方

ライトをつけて、ストローのバーを指で回し
て手を離すと、光がくるくると回る（下図の
ような構造）。紙コップに入れたスリットにセ
ロハンを貼ると光がカラフルになる。ライト
は、100円ショップなどで売っているミニライ
ト（タッチライト）が便利。

好きな絵を描いて、映そう！

ぼんやり★幻灯機

紙皿フィルムの絵を懐中電灯で
壁に映し出す幻灯機（プロジェクター）。
はかなげな映像が、なんとも
味わい深いです。

造形のコツ

円盤の画面の円と、投射の
窓の位置が合うように、取
りつける高さを調整する。

用意するもの

1ℓの紙パック4本、直径26cmくらいの紙皿（フィルム用）、
厚紙、黒い色画用紙、厚手の透明ポリ袋、
曲がるストロー、懐中電灯、緩衝材、粘着テープ、
セロハンテープ、コンパス、油性ペン

作り方

フィルムになる円盤

1　直径26cmの紙皿の中心に直径6mmほどの穴をあけ、4つ
　の直径6cmの円を切り取る（これがフィルムの画面に
　なる）。

2　透明ポリ袋を切って4つの円が隠れる大きさにし、紙
　皿の底側にたるまないように軽く引っぱりながらセロ
　ハンテープで貼る。紙皿からはみ出たポリ袋は、はさ
　みで切り落とす。

3　円の画面（ポリ袋面）に油性ペンで絵を描く（皿の中
　心が上、縁が下になるように）。

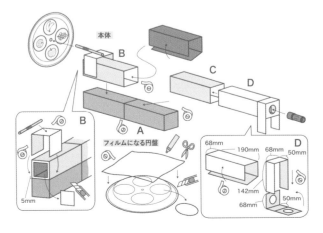

本体

土台を作る（A）

1　紙パックの上部（飲み口部分）を開いて4つの角に切り
　込みを入れて折りたたみ、粘着テープでとめる。これ
　を2本、縦にテープでつなぎ合わせる。

投射部分を作る（B）

1　紙パックの飲み口部分を切り落とし、（A）の土台の上
　に重ねて粘着テープで貼る。

2　紙パックの底をカッターで正方形に切り取る（縁が5mm
　くらい残るように切ると、ゆがみにくくなる）。

3　（B）の内部には、反射を抑えるため黒い色画用紙をセ
　ロハンテープで貼る。

4　コの字に折った厚紙の中心に、適当な長さに切ったス
　トロー（円盤の軸になる）をセロハンテープで貼る。
　厚紙を紙パックの上からはさむように粘着テープで貼
　りつける。

5　ストローに円盤を差し込む。

パーツを作る（C・D）

1　（C）は紙パックの飲み口部分と底を切り落とし、四角
　い筒状にする。これを（B）につなげる形で（A）の上に
　粘着テープで貼る。

2　（D）を厚紙で作る。（D）は（C）の中に差し込んで使用す
　る。まず幅68mm×長さ190mmほどの筒状のパーツを作る。

3　ふたつの丸い穴をあけたコの字の厚紙と、足の長いコ
　の字の厚紙を組み合わせたパーツを作り（サイズはイ
　ラスト参照）、（D）の後部に粘着テープで貼りつける。

組み立てる

1　イラストのように（A・B）と（C・D）を粘着テープで貼り、
　組み立てる。

2　（D）の穴に懐中電灯を差し込む。必要に応じて緩衝材
　を巻いてフィットさせる。

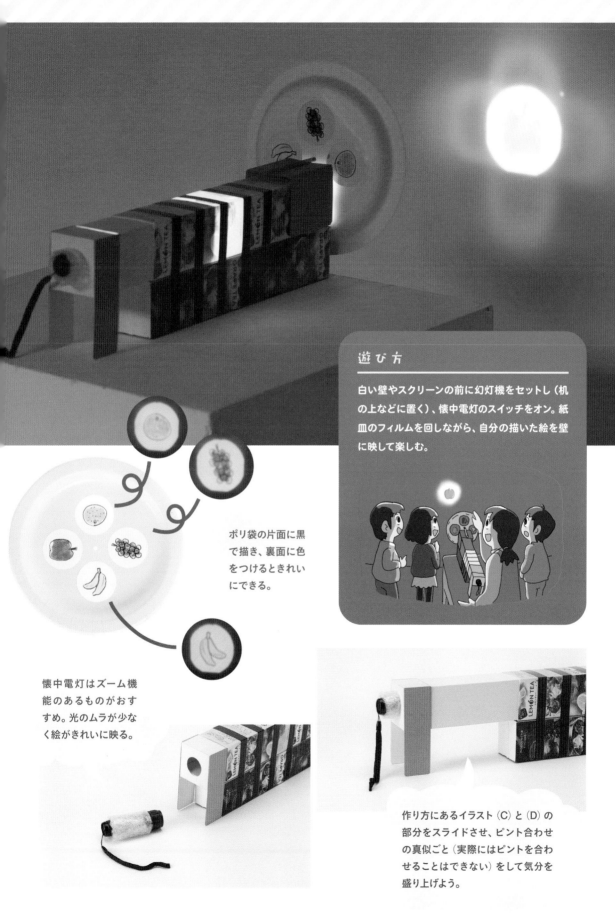

遊び方

白い壁やスクリーンの前に幻灯機をセットし（机の上などに置く）、懐中電灯のスイッチをオン。紙皿のフィルムを回しながら、自分の描いた絵を壁に映して楽しむ。

ポリ袋の片面に黒で描き、裏面に色をつけるときれいにできる。

懐中電灯はズーム機能のあるものがおすすめ。光のムラが少なく絵がきれいに映る。

作り方にあるイラスト（C）と（D）の部分をスライドさせ、ピント合わせの真似ごと（実際にはピントを合わせることはできない）をして気分を盛り上げよう。

部屋を暗くして影絵で遊ぼう！

大きくなったり
小さくなったり

影のもとや懐中電灯（光源）を動かすと、影の大きさが変わります。
どんなふうに映るのか、いろいろと試してみましょう。

用意するもの

懐中電灯、白い紙、ダンボール、色画用紙、
カラーペン、ストロー、洗濯ばさみ、セロハンテープ

作り方

1　色画用紙にカエルの絵をカラーペンで描き、切る。目や口などを切り抜く。
2　1の裏側にストローをセロハンテープでつけ、先端を洗濯ばさみではさむ。

小さくなった！

大きくなった！

造形かがく遊びQ&A

どうして影が大きくなったり、小さくなったりするの？

光は広がっていくので、影のもとの位置によって、影の大きさが変わります。影のもとが光源に近ければ大きくなり、光源から遠くなれば小さくなります。

スクリーン
人形
小さい影
大きい影

遊び方

ダンボールに白い紙を貼ったスクリーン（白い壁でも可）の前にカエルを置き、懐中電灯で照らす。カエルを光源に近づけたり、遠ざけたりして、影の大きさが変わる様子を楽しむ。

丸い顔の影の七変化

曲線や階段状など、スクリーンの形態を変えると、影もいろいろと変化をします。

用意するもの

懐中電灯、白いケント紙、ダンボール、両面テープ、
セロハンテープ、色画用紙、カラーペン、ストロー、洗濯ばさみ

作り方

影のもと

1 色画用紙に丸い顔の人形
　を描き、切る。目や口を
　切り抜く。
2 1の裏面にストローをセ
　ロハンテープでつける。

遊び方

曲面や階段状のスクリー
ンを作り、影のもとを置
き、懐中電灯で照らす角
度や場所を変えながら照
らし、スクリーンに映っ
た影の形の変化を楽しむ。

上から下から、右から左から

おもしろい
影になったよ！

これが、影のもと。
ストローの端を手で持って
動かしたり、
洗濯ばさみで
はさんで立たせたりする。

曲面スクリーンに映すと

トンガリ頭
の妖精だ！

あ、妖怪が
出た！

階段状スクリーンに映すと

あ、ギザギザ
人間だ！

作り方

曲面スクリーン
白いケント紙を丸めて両面テープで貼り
筒を作る。セロハンテープでつなぐ。

作り方

階段スクリーン
白いケント紙を
蛇腹に折り、ダ
ンボールに貼る。
壁などに立てか
ける。

赤い光と緑の光が織りなすファンタジー

カラフル影絵

色画用紙に
カニの絵を描いて切り、
目や口を切り抜く。
裏面にストローを
セロハンテープで貼る。

赤いセロハンの光と緑のセロハンの光を照らして影を映し出してみましょう。
影はどんな色になるかな？　色つきの美しい影遊びです。

赤い光を照らすと
黒い影が映る

赤と緑の光を重ねたら、
黄色の光の中に
赤と緑の影が映った！

緑の光を照らすと
黒い影が映る

ちょこっとコラム

光の色を混ぜると？

虹にたくさんの色が見えるように、太陽の光も実は
いろいろな光の色が混ざってできているのです。試
しに、3つの懐中電灯に、赤・青・緑（光の三原色）
のセロハン紙をそれぞれつけて、3色の光を重ね
て混ぜてみましょう。色がなくなって明るく白っぽく
なるのがわかります。

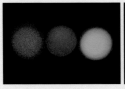

用意するもの

懐中電灯2個、赤いセロハン紙、
緑のセロハン紙、
輪ゴム2本、白い紙、ダンボール板、
色画用紙、ストロー、洗濯ばさみ

作り方・遊び方

1　懐中電灯の光源部分に赤と緑のセロハン紙をそれぞれか
　　ぶせ、輪ゴムでとめる。

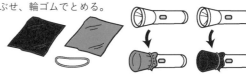

2　ダンボール板に白い紙を貼ったスクリーン（白い壁でも
　　可）の前に、色画用紙で作った形（影のもと。ここでは
　　カニ）を置く（貼りつけたストローの
　　端を洗濯ばさみではさんで立たせる）。

3　赤い光を照らしてみる。

4　緑の光を照らしてみる。

5　赤（左）と緑（右）の光を近寄らせ
　　て重ねてみる。

シルエットクイズ遊び

変身影パネルで影遊び。ひとつのパネルからふたつのシルエットが飛び出します。

変身影パネルを使って

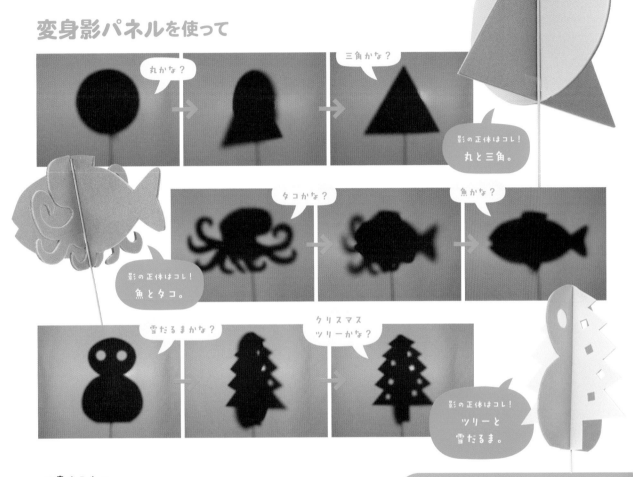

丸かな？
三角かな？
影の正体はコレ！ 丸と三角。

タコかな？
魚かな？
影の正体はコレ！ 魚とタコ。

雪だるまかな？
クリスマスツリーかな？
影の正体はコレ！ ツリーと雪だるま。

用意するもの

カラーボード（ポリスチレン製）、竹ひご、セロハンテープ、
白い布（スクリーン用）、ライト、棒

作り方

1 2枚のカラーボードに、違う形を描き（2枚の高さが
　同じになるように）、カッターなどで形を切り取る。
2 それぞれのボードの中心線あたりに、片方は上から、
　もう片方は下から、カッターで切り込みを入れる（高
　さの半分の長さ）。切り込みの幅は、カラーボード
　の厚さより1mmほど狭くする。
3 2枚のボードの溝を合わせ、差し込む。ぐらぐらす
　るときはセロハンテープでとめる。
4 竹ひごをセロハンテープで貼って、持ち手にする。

遊び方

棒などを使って白い布（スクリーン用）を吊り下げ、ライトを照らす。スクリーンとライトの間に変身影パネルを入れて、影を作る。スクリーンの向こう側にいる子どもたちに、影の正体当てクイズをしたり、物語を聞かせたりして遊ぶ。

影が伸びたり、縮んだり!?

変身影絵

紙で作ったキャラクターの影を観察してみましょう。
時間によって、どんな変化があるでしょうか？

午前10時

お昼12時

背が小さく
なった！

夕方4時

ビョーンと
大きくなった！

用意するもの

厚紙（A3くらいあるとよい）、竹ひご2本、
500mlの四角いペットボトル2本、
輪ゴム3本、セロハンテープ、カラーペン

作り方

1　厚紙にヘビやウサギや鳥などのキャラクターを描き、切り取る。カラーペンで顔を描いて、色を塗る。

2　1の裏に竹ひご2本をセロハンテープで貼りつける。

3　2本のペットボトルに水を入れ、ふたをして土台にする。2本を並べて輪ゴムで縛り、2本の隙間に竹ひごを差してキャラクターを立てる。

遊び方

天気のいい日にキャラクターを日の当たる場所に置き、時間ごとに変化する影の様子を見て楽しもう。

＊季節と時間によって影が伸びる方向と長さは変わります。
　写真は10月初旬に撮影。

光のおもしろ反射

身近にある光沢のあるものに光を当てましょう。光の反射で
予想もしないような模様が形づくられ、おもしろい！

用意するもの

CDやDVD、空き缶、金属製プレート、アルミホイル、
紙皿、お菓子缶のふたなど、工作用紙、
穴あけポンチ（かたい棒でも可）、金づち、はさみ、両面テープ

作り方

CDなど、持つと手が反射のじゃまに
なるものには、工作用紙を折って作っ
た持ち手を両面テープで貼りつける。

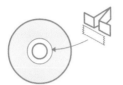

遊び方

太陽の光を缶の底などに当
てて、反射させる。いろいろ
なもので、どんな光が映し出
されるのか試してみよう。室
内で、懐中電灯を光源として
遊ぶこともできる。

注意 ⚠

反射した光を人に
向けないように注
意してください。

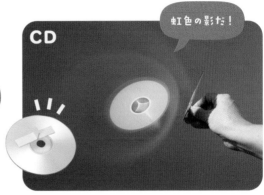

CD

虹色の影だ！

空き缶

土星みたい！

金属のプレート

不思議な形！

アルミホイルを巻いた紙皿

わあ、きれい！

くぼみをつけた缶のふた

ぼんやり顔が
映ってる!?

お菓子の缶のふたを板の上
などに置いて、へこませた
いところに穴あけポンチを
当てて金づちで軽くたたく。

75

ハロウィーン
スペシャル！

ボーッと浮かび上がるキャラクター

ギラギラスター BOX

箱の上に置いた懐中電灯のスイッチを入れると、
切り抜いた形がギラギラ光り出します。
それは光が箱の中のアルミホイルに反射するから。
カボチャや星などいろいろなギラギラを
映し出してみましょう。

星

遊び方

部屋を暗くし、懐中電灯のスイッチを入れ光を机や床に映し出す。

用意するもの

箱、色画用紙、アルミホイル、
セロハンテープ、油性ペン、懐中電灯

作り方

1　箱の側面に懐中電灯用の穴をあける。

2　箱の面積よりも大きい色画用紙に星の模様を描く。

3　紙の外側からはさみで切り込みを入れて形を切り抜く。切り込みをぴったり合わせてセロハンテープでとめる。

4　アルミホイルに油性ペンで着色し、やわらかくしわをつける。

5　4をセロハンテープで丸め、箱の中に貼っていく。

6　3の四辺を折って箱にかぶせ、セロハンテープでとめる。

カボチャ

おばけ

コウモリ

ぴかぴかハロウィーン電飾

セロハン紙やクリスマスツリー用の電飾を使って、
透過光を生かしたぴかぴか輝くペットボトルのオブジェを作りましょう。
玄関や部屋の入り口に置くと、床にも色とりどりの光が映り、
ハロウィーンにもピッタリの飾りに。

キャラクターに合わせて
セロハン紙や電飾の電球の色を
セットしよう！

用意するもの

クリスマスツリー用の電飾、ペットボトル（大小3〜4本）、セロハン紙、
黒の画用紙（シールタイプの折り紙が便利）、ビニールテープ、両面テープ

作り方

1 電飾の電球をいくつか束ねてビニールテープでとめておく。

2 ペットボトルの中にいろいろな色のセロハン紙を切って入れる。黒の画用紙（またはシールタイプの折り紙）でハロウィーンのキャラクターを切り抜いて、ペットボトルの外側に両面テープで貼る。

3 2に1を差し込んで電気をつける。

ゴム風船のランタン

風船に懐中電灯を当てると、ランタンのようにともります。
光が風船の中で拡散して風船全体が光るので、
より明るく感じられるのです。

用意するもの

ゴム風船（丸いもの、細長いもの）、
懐中電灯、色画用紙（飾りつけ用）、
シール、セロハンテープ、油性ペン

作り方

懐中電灯の発光部にふくらませた風船をセロハンテープでとめ、風船の表面に色画用紙やシールを貼ったり、油性ペンで顔を描いたりして、カボチャやおばけなどの飾りつけをする。

おばけ

カボチャ

ライトサーベル

第6章

ゴム、ひもで遊ぼう！

輪ゴムやひもがあると、仕掛けおもちゃを作ることができます。特に輪ゴムは、動くおもちゃの最も簡単な動力。
引っぱったりひねったりすると、元に戻ろうとするゴムの性質が、動力になるのです。

みんなで かけ声カウントダウン

3、2、1で打ち上げ花火

重ねて押さえた紙コップが、
指を離すと勢いよく飛び上がります。
長く伸びたゴムが元に戻る力を利用した遊びです。
紙コップにいろいろな花火の絵を描いて
連発の打ち上げに挑戦してみましょう。

用意するもの

紙コップ（5つくらい）、輪ゴム（紙コップと同じ本数）、
油性ペン、丸シール

作り方

1 紙コップの口の向かい
  合った2か所に、2本ずつ
  切り込みを入れる。
2 輪ゴムを8の字にして1の
  切り込みにはめる。
3 紙コップの底の向かい合
  う縁の2か所を、輪ゴム
  がかかりやすいように切
  り取る。
4 油性ペンや丸シールで花
  火の模様を描く。

遊び方

指で押さえながらイラストの
ように紙コップを重ねていき、
手を離し、紙コップを飛ばす。
押さえている指を下へ滑らせ
るように離していくと紙コッ
プが次々に飛んでいく！

ニョキニョキちんあなご

水槽の底の砂から現れる水族館の人気者、ちんあなごを作りましょう。
左ページの「打ち上げ花火」と同じ輪ゴムつきの紙コップ5つを重ねて
たこ糸でつなぎ、糸を引いたり、ゆるめたりすると、
縮んだり伸びたりします。

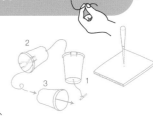

用意するもの

紙コップ（5つ）、輪ゴム（4本）、
たこ糸（50〜60cmのもの）、つまようじ、割りばし、
ダンボール板、色画用紙、千枚通し、油性ペン

作り方

1 紙コップ4つ（右図1、2、3、4）の口に、左ページ「打ち上げ花火」と同じように切り込みを入れ、輪ゴムを8の字にかける。輪ゴムをかけた3つ（2、3、4）と、かけていないひとつ（5）の底の縁を、左ページと同様に切り取る。

2 紙コップの底と、ダンボール板の真ん中に千枚通しで穴をあけ、端をつまようじに結んだたこ糸を通していく。最初に、紙コップの底の縁を切っていないもの（1）に通し、残りにもたこ糸を通していく。

3 5つ目の紙コップにたこ糸を通してから、ダンボール板にも通す。

4 紙コップが少し重なるようにたこ糸を引っぱり、割りばしに糸を巻いて結ぶ。紙コップに油性ペンで模様を描いたり色画用紙を貼ったりして、ちんあなごを仕上げる。

遊び方

裏面の割りばしを持ち、たこ糸を引いたり、ゆるめたり、左右に振ったりして、ちんあなごを動かす。

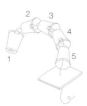

のびのびぞうさんの鼻

輪ゴムで伸び縮みする紙コップを、ぞうの鼻に見立ててみました。
先端の紙コップに磁石をつければ、クリップではさんだ果物がぴたっ。

用意するもの

上記「ちんあなご」と同じ材料のほか、
フェライト磁石、強力両面テープ、クリップ

作り方

1 途中までは、飾りつけをする前の状態の上記「ちんあなご」と同じ。ぞうさんの飾りつけをして、先端の紙コップの底にフェライト磁石を強力両面テープでつける。

2 色画用紙でぞうのエサの果物を作り、クリップではさむ。

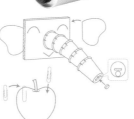

注意 ⚠ 磁石、クリップの取り扱いには十分ご注意ください。

遊び方

上記「ちんあなご」と同様に、割りばしをうまく操作して、鼻で果物をゲットする。

後ろから

基本のことこと

輪ゴムの力でゆらゆら走る
ことことレース

クルマやカメやペンギンなどが
ユーモラスに揺れながら動きます。
動力はスーパーボールにつけた輪ゴム。
ねじれた輪ゴムが元に戻る力でボールを回して進みます。

用意するもの

スーパーボール、輪ゴム、クリップ、セロハンテープ、ビニールテープ、
セロハンテープの芯、空き箱、プラカップ、小さいバケツ、料理用のボウル、
カラーゴム（細いもの）、色画用紙、カラーペン、丸シール

作り方

ことことカー

基本のことこと

1 スーパーボールに輪ゴムをセロハンテープでと
　め、上からビニールテープを巻く。
2 1の輪ゴムの両端にクリップをつける。
3 2をセロハンテープの芯にとめ、上からセロハン
　テープを貼る。

ことことカー

空き箱の広い面を四角に切り抜き、箱の
側面に基本のことこと作り方2のクリッ
プをセロハンテープでとめる。

ことことカメ、ことことペンギン

1 カメはボウルで、ペンギンはバケツで作る。
　カラーゴムを大きめのスーパーボールにセロハ
　ンテープでとめてビニールテープを巻く（＊）。
2 両端にクリップを通してボウルやバケツにセロ
　ハンテープでとめる。
3 色画用紙や丸シールを貼り、カメやペンギンに
　仕上げる。
　＊長さはボウルやバケツの口径に合わせる。

ことことカメ

ことこと
ペンギン

キラ星の
メリーカップ

紙コップの上のストローをくるくる巻いて手を離すと、
ぶら下がった星が回り始めます。

用意するもの

紙コップ、輪ゴム、ストロー（2本）、ビーズ（直径1cm）、
セロハンテープ、たこ糸、シール、色画用紙、飾り用のビーズ、
紙皿、千枚通し

作り方

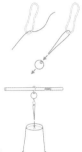

1 輪ゴムにたこ糸を通し、糸の先を揃えてビーズの穴に通す。

2 輪ゴムにストローを通す。千枚通しでコップの底に穴をあけ、糸の先を揃えて通す。

3 紙コップの中に出てきた輪ゴムにもう1本のストローを通す。糸は抜く。

4 ストローを紙コップの口径より長めに切り、両端を折って紙コップにセロハンテープでとめる。

5 ビーズと星の形の色画用紙をつけた糸を6本ほど作り、4の口にシールで貼る。

遊び方

紙コップを手で押さえながら、ストローをたくさん回して、輪ゴムをしっかりねじってストローを持ち、紙コップを押さえた手を離し、コップを回転させる。糸の先にビーズやビニールテープを貼って重くすると、回ったときに糸がピンと張る。

遊びの発展

紙皿UFOにも変身するよ！

逆さにした紙コップの下に紙皿を貼ると、
UFO（円盤）になります。
「キラ星のメリーカップ」と一緒に回してみましょう。

作り方

上記の作り方2まで作ったら、たこ糸を紙皿にあけた穴にも通し、出てきた輪ゴムに長さ5cmのストローを通したあと、糸を抜く。ストローは紙皿にセロハンテープでしっかりとめる。

突然、飛び上がってびっくり！

うらないパッチン

指を離すと不意に飛び上がる、不思議なカード。
着地したとき、どちらの絵が表に出るかお楽しみ！

用意するもの

紙パック、厚紙、輪ゴム、両面テープ、油性ペン

作り方

1　紙パックを6cm幅に輪切りにし、対角する2か所の角を切る。

2　7cm×6cm（外側の面のサイズ）に切った厚紙を2枚用意し、1の表側に両面テープで貼る。このとき中心部（折れる部分）に数mm程度の隙間をあけるとよい。

3　2の両端に、1cm幅に切った厚紙の帯を両面テープで貼る。

4　厚紙の帯の内側に、輪ゴムをかける切り込みを4か所はさみで入れる。

5　輪ゴムを厚紙側でクロスするように切り込みにかける。

6　紙パックの白い面に油性ペンで絵やマークを描く。

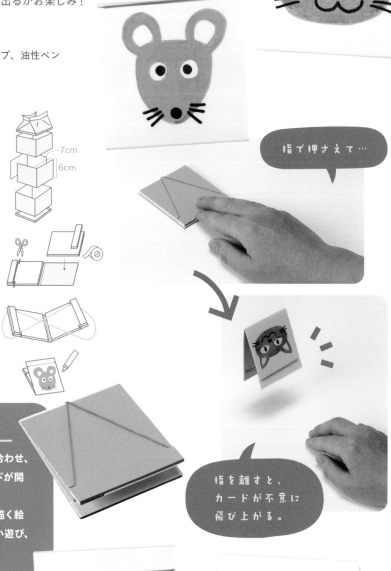

指で押さえて…

指を離すと、
カードが不意に
飛び上がる。

遊び方

机の上などで、絵の面を内側にして合わせ、指で押さえ、そっと指を離す。カードが開いて、しばらくすると飛び上がる。
ネコとネズミ、○と×など、両面に描く絵や記号を工夫して、占いやおまじない遊び、ゲームなどに発展させよう。

びっくりボックス

箱の中から風船が飛び出すびっくり箱。
ひもを引っぱると、すぐに格納できるので、
くり返し遊べます。

用意するもの

紙パック、丈夫な紙箱、ひも（なめらかなものがよい）、
ゴム風船、輪ゴム、リングなどつまみになるもの、
穴あけパンチ、千枚通し

作り方

1 紙パックを7cm幅くらいの輪切り
にする。これを8つ用意する。向
かい合う角の中心2か所に、穴あ
けパンチで穴をあける。折った状
態で穴あけパンチを差し込んで半
円になるよう切り落とすとよい。

2 紙箱の底に千枚通しで少し大きめ
に穴をあける。

3 1mほどの長さのひもの片側にリ
ングなどのつまみをつけ、もう片
側を箱の外から中に通す。

4 1の穴にひもを通し、最後に小さ
めにふくらませたゴム風船を結ぶ。

造形のコツ

飛び出す力が弱いときは、紙
パックの角に切り込みを入れ
て、輪ゴムをつけるとよい。

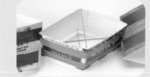

遊び方

箱を持ち、ひもを引っぱる。

ひもを離すと、
箱から風船が飛び出す。

ひっくり返してひもを引っぱると、
紙パックと風船が箱に収まる。

83

おめでとうの気持ちがドーン！

ひも引き仕掛けのくす玉

感謝の気持ちやお祝いの言葉を何倍にも演出するくす玉。
このくす玉は、紙パックで作れます。
ひもを引くと出てくる中の飾りつけをいろいろ工夫してみましょう。

用意するもの

紙パック（2本）、色画用紙、紙テープ、ひも、テープの芯、割りばし、
両面テープ、布粘着テープ、千枚通し、使用後の単3形乾電池（2個、重り用）

作り方

1 紙パックの注ぎ口をふさいでからイラストのように切り込みを入れ、内側に折って両面テープで貼る。同じものをふたつ作る。

注ぎ口をふさぐ

2 紙パックの底の1辺を合わせ、布粘着テープを使って内側と外側の両方からとめる。イラストのように穴を開けてひもを通し、内側で結ぶ。結んだひもに、引っぱるためのひも（イラストでは赤いひも）を結ぶ。先端にテープの芯を結んでつまみにする。

外側も布粘着テープでとめる

布粘着テープ

3 紙パックの底の真ん中にそれぞれ穴を開け、吊り下げるためのひもを通す。箱の内側に出したひもの先に割りばしを切ったものを結び、ひもが抜けないようにする。側面の下に重りの乾電池を布粘着テープで貼る。

4 紙テープや色画用紙の飾りを箱の中に両面テープで貼る。外側に卵の殻の形に切った色画用紙を貼り、飾りをつける。

真ん中に
穴をあける

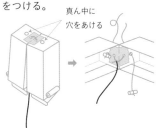

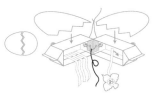

飾りを箱の中に入れて、口を閉じる

ひもを引っ張る

箱がひらいて中の飾りが出てくる

84

くるくる花火

ひもを引っぱると、テープがくるくる回って花火みたいできれい！
イベントの演出にも使えるおもちゃです。

用意するもの

色画用紙、キラキラテープ、紙テープ、たこ糸、
ラップ芯などの紙筒、セロハンテープ、大きめのビーズ

作り方

1 色画用紙を巻いて棒状にしてセロハンテープでとめる。

2 キラキラテープや紙テープを花びらのように貼り、棒の真ん中
  あたりにたこ糸を結んでセロハンテープで貼る。たこ糸の先に
  ビーズを入れ、結び、つまみにする。

3 たこ糸を棒に巻きつけ、色画用紙やキラキラテープなどを貼っ
  て飾りつけたラップ芯などの紙筒に入れる。

20cmくらい

30〜
40cm
くらい

遊び方

筒を持って、たこ糸を引っぱると、棒が回って紙テー
プやキラキラテープがクルクルと回ります。引っぱり終
わったら、再度、たこ糸を巻きつけ、くり返して遊びます。

たこ糸を棒に巻きつけ、紙筒に入れる

ひもを引っぱるだけ！

まるで花火みたいに
華やか！

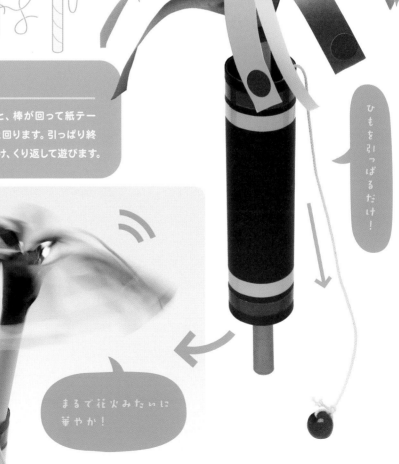

ひもの動きが棒に伝わり回転する！

85

ひもをはわせて引っぱる！

びっくりカメラ

ひもを引っぱると、カタっと音がして、
瞬時に絵が変わります。
名づけて、びっくりカメラ！

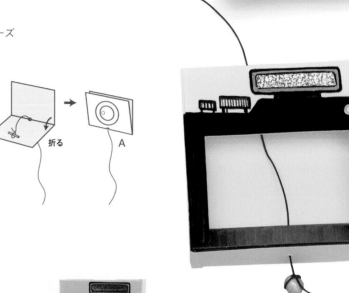

カードをセット

用意するもの

箱、厚紙、つまようじ、たこ糸、大きめのビーズ

作り方

1　厚紙をふたつ折りして、折り目の真ん中に穴をあけ、たこ糸を通して、たこ糸の先に半分に切ったつまようじを結ぶ。折り目を下にして絵を描く（**A**）。

2　もう1枚、同じ大きさの画用紙をふたつ折りにする。折り目を上にして絵を描く（**B**）。

3　AとBが入る箱を用意して、前面を窓のように切り取り、底の真ん中に、1のたこ糸を通す穴をあける。通したら先端にビーズを結び、つまみにする。箱の上部は切り取ってあけておく。

折る　　　A

ふたつ折り

B

上はあいている

底に穴をあけて、たこ糸を出す

遊び方

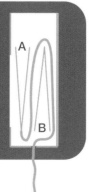
A

B

イラストのようにカードのAとBを箱に仕込む。ひもを一気に引っぱると、AがBの後ろへ移動し、Bが前面に出る。

スタンバイ、OK！

たこ糸を引っぱると……

あ、絵が変わった！

アレンジの工夫

瞬時に絵が変わるという仕掛けを生かして、
物語を作ったり、写真屋さんごっこをするなど
遊びを広げていきましょう。

アレンジ **1**

ショートストーリー

あ、卵から何かが生まれそう！
生まれたのは……ワニの赤ちゃんでした。

アレンジ **2**

プレゼントカード

子どもの写真を貼ったカードを仕込んでおいて、
写真屋さんごっこ。内側にメッセージを
記入すれば、プレゼントカードにもなります。

すずき りさちゃんへ
そつえん おめでとう

第7章 ボール、玉で遊ぼう！

ボールや玉は投げるためだけのものではありません。ビー玉、スーパーボール、ピンポン球など、
ボールや玉をコロコロと転がして遊びましょう。転がる力が動力にもなる、球体のおもしろさを大発見！

紙パックのループをボールが勢いよく1回転！

くるりんコースター

紙パックのサイドに切り込みを入れると、カーブがきれいに作れます！

用意するもの

1ℓの紙パック（本体8本、土台5本）、
2ℓのペットボトル、カラープラボール（またはピンポン球）、
粘着テープ、セロハンテープ、ビニールテープ、
紙皿（直径26cmほど）

作り方

1 注ぎ口と底の部分を切り取った紙パック
  を縦半分に切って樋状のコースを作る。
  紙パックは進行方向のものが下になるよ
  うに重ねて粘着テープでとめる。スター
  ト部分は底を残しておく。
2 ループは、コースの側面になる部分に3
  cmほどの間隔で切り込みを入れて曲げ、
  セロハンテープでとめる。このと
  き、直径26cmほどの紙皿を当て、
  それに沿って曲げるとやりやすい。
3 ペットボトルの上部を切り取り、切り口
  をビニールテープでカバーしたものを
  ゴールにする。
4 コース途中やゴール前には、コの字の帯
  （幅1cmほど）に切った紙パックをセロハ
  ンテープで貼ってトンネルを作る。

造形のコツ
作り方3のトンネルは、
コース側面が広がるの
を抑える役目もある。

いけ〜！

GOAL!

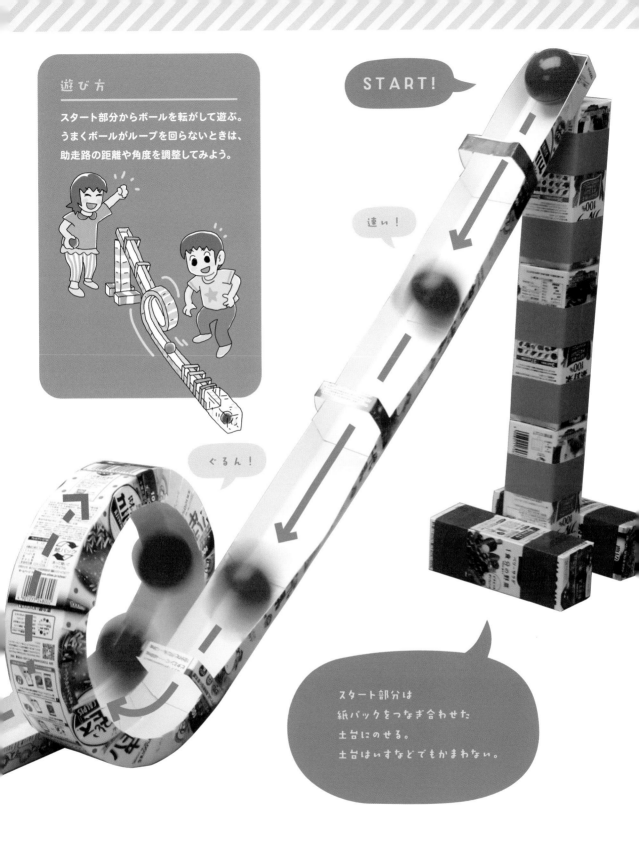

トンカチでたたくとボールが落ちて転がる！

トントントントンカチ

コンコンコンとたたく感触がおもしろい！
スコンッと球が落ちた感触が気持ちいい！

用意するもの

ダンボール箱、ピンポン球、乳酸飲料の空き容器、
ペットボトルのふた、チラシ紙、粘着テープ

作り方

本体

1　浅いダンボール箱の側面に、ピンポン球（直径40mm）より少しだけ小さめの丸い穴をカッターであける。
2　箱のふたの部分の一部を切り取り、イラストのように箱の内部に坂道になるように粘着テープで貼る。
3　イラストのように箱の右下部分に窓をあけ、球の出口を作る。
4　箱のふたを閉じて、粘着テープでとめる。

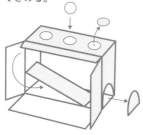

トンカチ

1　チラシ紙を帯状に折りたたみ、乳酸飲料の容器を真ん中にはさんで巻き、粘着テープでとめる。
2　容器の口にペットボトルのふたをはめ、粘着テープでとめる。

造形のコツ

箱の穴は少し小さめに切り取り、小さな切り込みを入れたり、実際にピンポン球を置いてたたくなどして、大きさを調整する。遊んでいるうちに穴が大きくなりすぎたときは、縁にテープを貼るとよい。

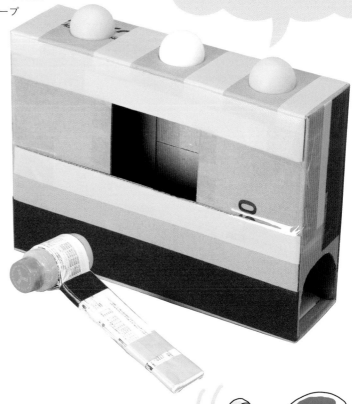

遊び方

トンカチでピンポン球をたたいて、穴から落として遊ぶ。

手応えがあっておもしろ～い！

ビー玉落としタワー

単純なだけに何度もくり返して遊びたくなる「玉落とし」。
タワーをもっと高くできるかな？

用意するもの

紙パック1ℓ 6個、ダンボール板、色画用紙、ビー玉、
瓶のふたやポテトチップス缶の底、鈴など、
ビー玉が当たると音の出るもの、セロハンテープ、両面テープ

作り方

1 紙パック2個の注ぎ口を開き4つの角に切り込みを入れて折り、セロハンテープでとめて直方体にする。そのうちのひとつを四角く切ったダンボール板に両面テープでつけ、土台にする。その上にもうひとつを両面テープでくっつける。

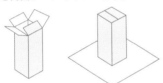

2 残りの4つの紙パックは縦半分にカットし、注ぎ口部分を折ってセロハンテープでとめ、皿の形にする。皿の形にはそれぞれすみの1か所に玉が通るくらいの穴をあける。数か所にイラストのように切った色画用紙を折って貼る。また、スタート地点やビー玉が落ちてくる部分に瓶のふたやポテトチップス缶の底などを貼る。

3 2を1の土台の柱のまわりに、スロープ状になるようにセロハンテープで貼っていく（造形のコツ参照）。

4 柱の上段部も下段と続くようにまわりにスロープ状のコースを作る。

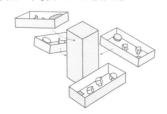

遊び方

ビー玉をSTART地点に落として、コロコロ下まで落ちていく様子を見て遊ぶ。

START!

チリン♪

カチン♪

GOAL!

造形のコツ

スロープの傾斜は、柱の両端で8mm程度の高低差を目安にしよう。また、コースが外側に傾かないように、コースの下部を下段のコースで支えるように取りつけるとよい。

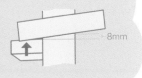

8mm

91

ビー玉の車輪で床の上を滑るように進む！

すいすいUFO＆カー

ペットボトルのキャップにビー玉を入れた
シンプルな車輪で、
UFOや車を走らせて遊ぼう！

すいすいUFO

遊び方

大きなビー玉3個をそれぞれペットボトルのふたの中に入れ、厚紙やうちわなどを当て、ビー玉が落ちないように裏返して床に置き、そっと厚紙を引き抜く。ゼリー容器の部分を持ってUFOを押し出し、走らせる。

ビー玉が落ちないように
紙を当ててひっくり返すよ！

用意するもの

紙皿、ゼリーなどの容器、ペットボトルのふた3個、
ビー玉（車輪用大3個、重り用数個）、
丸シールやビニールテープ、セロハンテープ、両面テープ

作り方

1　紙皿の表面の3か所に、ペットボトルのふたを両面テープで正三角形になるように貼りつける。
2　ゼリーなどの容器の中にビー玉5〜6個（重り）を入れ、これを紙皿の裏面の中央にセロハンテープで貼りつける。
3　丸シールやビニールテープで飾りつける。

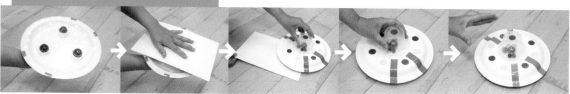

すいすいカー

用意するもの

お菓子の空き箱、ペットボトルのふた、
色画用紙、新聞紙、両面テープ、
ビニールテープ、ビー玉

作り方

1　新聞紙を丸めてあき箱に詰め、ふたを閉じてビニールテープでとめる。箱を組み合わせたり、色画用紙やビニールテープで飾りつけ、いろいろな車の形を作る。

2　箱の裏にペットボトルのふたを両面テープで貼る。

ビー玉の大きさや数で
動き方に違いがあるかな？

走らせ方は
すいすいUFOと
同様。

コロコロゲーム

発泡トレイを傾けながら、
転がるビー玉を穴に入れていきます。
入れたい穴のまわりを行ったり来たり、
せっかく入れたビー玉が飛び出したり、
思うようにいかないからおもしろい！

用意するもの

発泡トレイ、ストロー、ビー玉、ビニールテープ、
つまようじ、セロハンテープ、ポリ袋、丸シール

作り方

Aタイプ

発泡トレイにビー玉より少し小さめの穴をあける。穴
をあけたいところをつまようじで刺していく。刺した
穴をつなげ、丸く抜く。丸シールを貼って、中央をく
ぼませる。

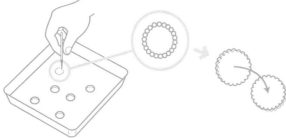

Bタイプ

短く切ったストローを
セロハンテープでAタ
イプに貼りつけて、ビー
玉が転がる道を作る。

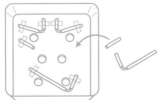

A、B共通

ビー玉を入れてから、切り開いたポリ袋を発泡トレイ
にかぶせ、ピンと張った状態で裏側でビニールテープ
でとめる。ビニールテープで縁を飾る。

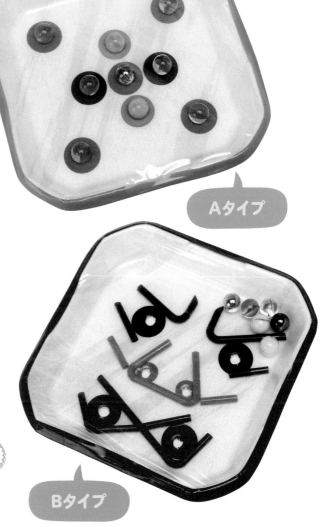

Aタイプ

Bタイプ

ちょこっとコラム

転がる速さは重さで決まる！？

同じ坂を転がしたとき、同じ大きさの玉でも、ビー玉の
ほうが、木の玉よりも速く遠くへ転がります。これは重
いもののほうが軽いものより、運動する力が大きいこと
を示しています。

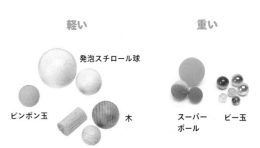

軽い　　　　　　　　　重い

発泡スチロール球

ピンポン玉　　　　木　　　スーパー　　ビー玉
　　　　　　　　　　　　　ボール

伝承おもちゃの俵転がしを今風にアレンジ！

パタパタでんぐりん

カプセルトイ容器に入れたビー玉が中で動いて、
坂道を転がります。フェルトの動きもおもしろい！

用意するもの

フェルト、シールつきフェルト、
カプセルトイ容器、ビー玉、
大きな板や厚めのダンボール（坂道用）、両面テープ

作り方

1. カプセルトイ容器の中にビー玉を入れて閉じる（開き
   やすいときはセロハンテープでとめる）。これにシール
   つきフェルトで作った顔を貼る。
2. 三角形に切ったフェルトの左右に、イラストのような
   くさび形の切り込みを入
   れ、胴体を作る。
3. カプセルトイ容器の顔を
   2の胴体に両面テープで
   貼りつける。
4. 大きな板にフェルトを
   貼って坂道にする。

遊びのポイント

どのくらいの傾斜のとき動きがおもしろい
か、坂の角度を変えて試してみよう。
好きな形にフェルトを切って、いろいろな
キャラクターを作って転がしてみよう。

遊び方

ゆるやかな坂道で転がして遊ぶ。パタ
パタと不思議な動きをしながら転がる。

ペットボトル回し

回せば回すほど遠心力がつき、ビー玉の勢いが加速。
その動きが手に伝わってくるのを感じてみましょう。

用意するもの

炭酸飲料のペットボトル（大）、ビー玉各種、
ビニールテープ、装飾テープなど

作り方

1　ペットボトルの胴体の中間部分を
　　切り取り、丈を詰めてビニールテー
　　プでとめる。
2　ペットボトルの口からビー玉を入
　　れる（口から入らない大きさのビー
　　玉を使用するときは、1でビニール
　　テープを巻く前に入れておく）。
3　ふたをして、ビニールテープを巻
　　く。装飾用のテープやシールで飾
　　りつける。

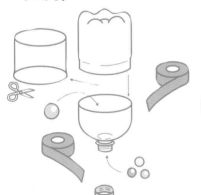

遊び方

ペットボトルの口の部分をしっ
かりと握り、手首を回すように
しながらグルグルと回すと、中
のビー玉がペットボトルの側面
をグルグルと回る。

95

玉落としスティック

穴をあけたコップを組んで作ったスティックに
ビーズを入れて遊びます。
意外と難しくてクセになる！？

いろいろな大きさの
ビーズで遊ぼう！

用意するもの

透明プラスチックコップ4個、厚紙、
ビーズ、工作用接着剤、ビニールテープ

作り方

1　プラスチックコップの飲み口と同じ大きさに
　　切った厚紙を2枚用意し、それぞれ1か所に
　　ビーズが通るくらいの穴をあける。

2　プラスチックコップ2個の底の同じ位置に、
　　ビーズが通るくらいの穴をあける。

3　イラストのようにコップ2個の口に1の厚紙を
　　はさみ、工作用接着剤でとめる。これを2個
　　作る。そのうちの1個にビーズを入れておく。

4　3のコップの底を穴の位置が合うように、工
　　作用接着剤とビニールテープでとめる。

穴

遊び方

スティックを振って、ビーズを穴から落として遊ぶ。

スイスイペンギン

坂道の上でビー玉から指を離すと、
とても速く転がっていきますが、
そこに紙コップをかぶせると……。
なんと、紙コップがスイスイと音もなく動きます。
大小さまざまなビー玉でトライ!!

用意するもの

紙コップ、色画用紙、紙テープ、
ダンボール板、のり、
カラーペン、ビー玉など

作り方

色画用紙を切って、ペンギンの体、手、顔を作り、紙コップに貼り、カラーペンで顔を描く。紙コップを連結させるときは、紙テープをのりで貼ってつなげる。

連結ペンギン、すすめ〜!

ビー玉の大きさを
変えると
どうなるかな?

遊び方

ダンボール板の片側を台にのせ坂道を作る。坂の頂上にビー玉を置いて手で押さえる。そこに紙コップで作ったペンギンをかぶせて手を離すと、滑るように走り出す。

なんでくっつくの？ どうして映るの？ 磁石や鏡を使った遊びは、かがくへの好奇心を大いに刺激してくれます。遊んでいるうちに、不思議だな、こうしたらどうなるかな、そんな気持ちが芽生えてくるでしょう。

海の生き物大集合！たくさん釣ろう！

釣り大会

磁石には、くっつく素材とくっつかない素材があります。
その両方の素材を使って海の生き物を作り、
磁石のついた竿で釣り大会。
くっつかない箇所があるから、けっこう難しい！

釣り竿

用意するもの

チラシ紙、ひも、磁石、
セロハンテープ、ビニールテープ

作り方

1 チラシ紙をイラストのように角からくるくると巻いて、細い棒にし、最後をセロハンテープでとめる。

2 両端を折り曲げ、片方はそのままセロハンテープでとめる。もう片方には、ひもの端を輪にして引っかけてから折り曲げセロハンテープでとめる。

3 ひものもう片方の端に磁石を結びつけ、セロハンテープで固定する。

4 持ち手の部分とひもをつけた部分にビニールテープを巻いて補強する。

注意 ⚠

モール、クリップ、ホチキスの芯の取り扱いはご注意ください。

くっつく素材の例

くっつく素材とくっつかない素材を組み合わせて、海の生き物を作ろう！

くっつかない素材の例

遊び方

まず、磁石にくっつく素材とくっつかない素材があることを子どもたちと試してみて、磁石の力の不思議を発見しよう！ そのプロセスを経ると、いつもの釣り遊びがぐっと豊かになる。

魚

スポンジ魚

作り方

スポンジに洗濯ば
さみ、目玉クリッ
プをはさんで取り
つけ、丸シールで
目を作る。

熱帯魚1号

作り方

1 スチール缶とプラスチック容器をビニール
テープでつなげる。

2 色画用紙に背びれやしりびれ、尾びれを描
き、切り、両面テー
プで1に貼る。

3 丸シールやビニー
ルテープな
どで表情を
つける。

両面テープ

プラスチック
容器

スチール缶

ぐるぐる魚

作り方

1 発泡スチロール球に割りばしなどで
穴をあけ、割りばしを差し込む。

2 色画用紙に尾びれを描いて
切り、1に両面テープで貼り、
モールを巻きつける。

3 丸シールやビニールテープ
などで表情をつける。

割りばし　両面テープ

熱帯魚2号

作り方

1 色画用紙に背びれやしり
びれ、尾びれを描いて切
り、両面テープでペット
ボトルに貼る。

2 それぞれのひれにクリッ
プを5〜6個ずつつける。

3 丸シールやビニールテー
プなどで表情をつける。

両面テープ

両面テープ

大きいクリップ

タコ

作り方

1 紙皿に両面テープで
瓶のふたを貼り、油
性ペンで顔を描く。

2 ポリ袋にタコの足を
油性ペンで描き、は
さみで切り、両面テー
プで1の裏に貼る。

両面テープ

イカ

作り方

1 色画用紙にイカの胴体を描い
てはさみで切り抜き、ホチキ
スをたくさん打って模様のよ
うにする。

*ホチキスの芯が取れないよう
セロハンテープなどでしっかり
カバーする。

2 曲がるスト
ローをセロ
ハンテープ
で1の裏に
貼る。

セロハン
テープ

磁石のくっつく力と反発する力を使った

パックン カバくん

カバくんは、どうやら食べ物の
好き嫌いがあるようですね。
シアターや歯磨きレッスンなどにも
応用できます。

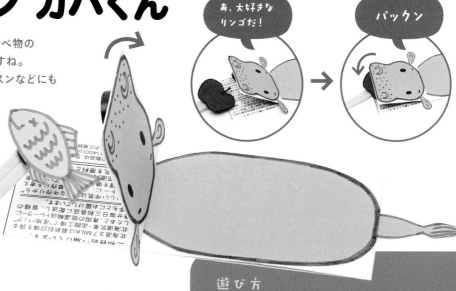

あ、大好きな
リンゴだ！

パックン

魚は嫌い！
パックン
しないよ！

注意 ⚠

磁石の取り扱いには十分ご注意ください。

遊び方

カバくんの口の中に、バナナやリンゴ、お魚やお肉
などを入れると……。好きなものは「パクッ！」と
食べて、嫌いなものは口を大きく開けて「いりま
せん」と意思表示。さて、何を食べるかな？

カバくん

用意するもの

1ℓの紙パック、磁石、両面テープ、
カラーペン、色画用紙

作り方

1 1ℓの紙パックの上
部と底を切り取り、
イラストの切り取り
線の部分をはさみで
切る。

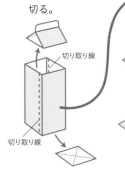

切り取り線

両面テープ

2 1で切った部
分をイラスト
のように3つ
に切り分ける。

3 2の紙パック
の表面を内側
にして折り返
し、イラスト
のように上あ
ごに磁石をつ
ける。

両面テープ

4 1で切り取った紙
パックの1面に3を
つけ、色画用紙に
描いたカバの絵を
両面テープで貼る。

食べ物

用意するもの

割りばし、磁石、色画用紙、カラーペン、
両面テープ、ビニールテープ

作り方

1 割りばしに両面テー
プで磁石をつけ、色
画用紙に描いたバナ
ナやリンゴや魚の絵
を貼る。

2 割りばしの持ち手部
分にビニールテープ
を巻く。

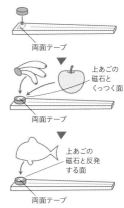

両面テープ

上あごの
磁石と
くっつく面

両面テープ

上あごの
磁石と反発
する面

両面テープ

リンゴ、バナナ、
草が好き！

魚やお肉は
好きじゃない！

カバくんの上あごにつけた磁石とくっつき合
う面を上にすると、好きな食べ物に、反発す
る面を上にすると、嫌いな食べ物になる。

モジャモジャアート

モールの芯はスチールなので、磁石にくっつきます。
その特徴を生かした遊び。
思いがけないおもしろい動きをして、
不思議な絵柄が出来上がります。

注意 ⚠

磁石を口などに入れないよう取り扱いには十分ご注意ください。
小さく切ったモールは子どもが口などに入れないようにご注意ください。

遊び方

箱の上に短く切ったモールをのせ、箱の下に磁石を当ててモールを動かす。

磁石をつけた
割りばし

ちょこっとコラム

磁石や静電気はどうしてくっつくの？

　磁石は鉄でできていて、鉄を引きつける性質を持っています。鉄の原子（物質の最小限の単位）はもともと磁石になる性質を持っているのですが、通常極の向きがバラバラなので全体として磁石にはなりません。ところが、磁石を近づけるとバラバラだった極の向きが揃い、引きつけられるので、くっつくのです。

　ペンシルバルーンなどをこすり合わせると、静電気が起きます。静電気を帯びることを「帯電する」といいますが、帯電していないものの表面には＋の電気と−の電気が同じ数だけあって釣り合っています。ところが、帯電すると−の電気が一方から他方へ移動して、一方は−電気に、もう一方は＋電気に片寄るため、引き寄せ合う性質を持つ−電気と＋電気が引き合うので、もの同士がくっつくのです。

用意するもの

空き箱、片ダンボール（画用紙でもOK）、割りばし、磁石、モール、両面テープ、ビニールテープ

作り方

1　空き箱の底を上にして、両側の面をイラストのように切り取る。

2　4側面にイラストのように切った片ダンボール（画用紙でもOK）を両面テープで貼り、ガード用の壁を作る。

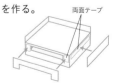

両面テープ

3　割りばしに両面テープで磁石をつける。持ち手にビニールテープを巻く。

両面テープ

4　モールを短く切る。

モール

不思議パワー の ペンシルバルーン

どこでもくっつき隊

ペンシルバルーンをふくらませて、こすり合わせるとあら不思議。ガラスや壁や洋服にくっつくよ！まずは、見えない力で「くっつく」おもしろさを体験。

ペンシルバルーンの じょうずなふくらませ方

ペンシルバルーンをふくらませるには、市販の空気入れ（100円ショップなどでも売っています）を使うのが便利。1本をそのままふくらませると、2m近くになり子どもが扱いにくくなるので、適当な長さのところで固結びをして、空気を入れたらはさみで切る。切った先の風船も、空気を入れて使おう。

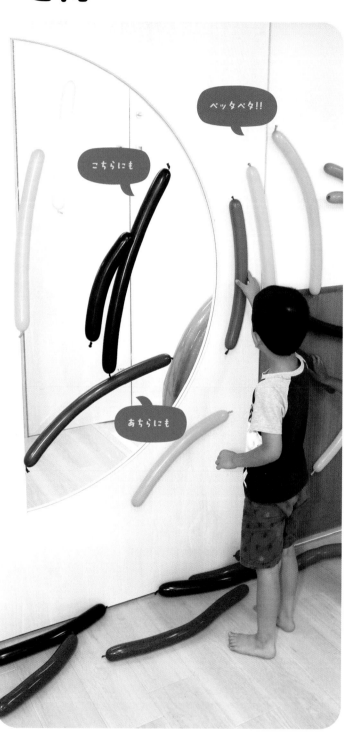

遊び方

ペンシルバルーンをふくらませて、バルーン同士をこすり合わせたり、服（布）とこすり合わせて静電気を起こしたあと、壁や窓、カーテン、服など園内のいろいろな場所にバルーンをくっつけて遊ぶ。湿気が多いと静電気が起こりにくいので要注意。秋・冬の乾燥した季節が遊びに適している。

ゆかいな顔遊び

いろいろな長さのペンシルバルーンを台紙にくっつければ……。

用意するもの

ペンシルバルーン、色画用紙、マーカー

カボチャのおばけ

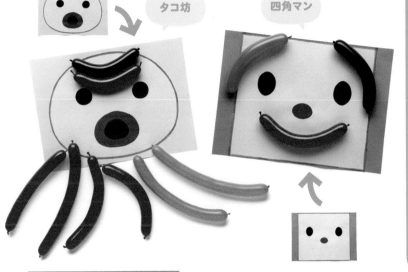

タコ坊

四角マン

作り方 & 遊び方

色画用紙に好きな絵を描き、壁に貼り、さまざまな長さにふくらませたペンシルバルーンをこすって静電気を起こしてからくっつける。いろいろな顔に仕上げよう。

まゆげは、ここかな？

なにが出るかな？

めくり絵

お花紙とペンシルバルーンをこすって静電気を起こし、ワンちゃんに近づけて毛をめくってみると……!?
（下敷きで頭をこすって髪の毛を逆立てて遊ぶのと同じ要領）

用意するもの

ペンシルバルーン、色画用紙、マーカー、お花紙、のり

作り方 & 遊び方

色画用紙に子犬におっぱいをあげている犬の絵を描き、細かく裂いたお花紙を犬の顔と体のへりにのりで貼る。ペンシルバルーンをこすり、静電気を起こして、バルーンでお花紙を吸いつけて持ち上げる。

ワンちゃんの毛をめくると……

あっ！ 子犬がおっぱいを飲んでいるよ！

鏡の不思議な世界へようこそ

1枚の鏡で遊ぼう！

なんでも映し出してくれる、不思議な鏡。
いろいろなものを映して、見て、
不思議の国で遊びましょう。

100円ショップなどで手に入る鏡を用意。スタンドなどがついている鏡はあらかじめ、スタンド部分を外しておく。

その1

ペットボトルの
ふたを積む

用意するもの

鏡、
ペットボトルのふた

遊び方

鏡の上でペットボトルのふたを積み上げる。鏡をのぞくと、2倍高く積んだように見える！

何個積んだか、数えてみよう！

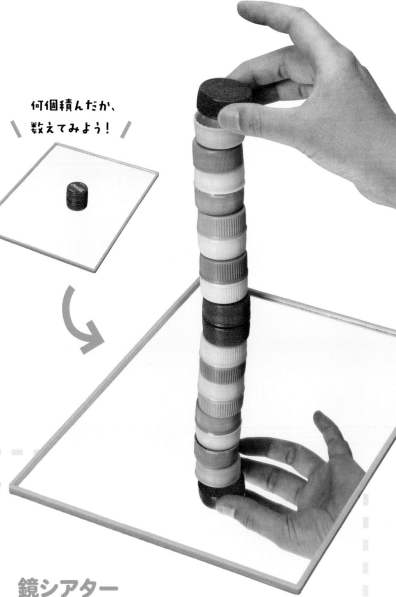

〈 遊びの発展 〉

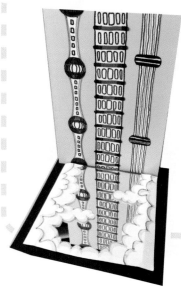

鏡シアター

鏡に雲の絵を貼り、高層ビルの絵を鏡の上に置くと、鏡にもうひとつの世界が映ります。鏡をのぞいて、想像力をふくらませ、楽しい物語を作ってみましょう。

スーパーボールを転がす

用意するもの

鏡、スーパーボール

遊び方

鏡の上にスーパーボールをのせて、転がす。鏡の上のボールと鏡に映るボールが双子みたいにくっついて、離れない！

スーパーボールが転がり落ちないように、紙パックや厚紙などで、囲いをつけると遊びやすくなる。

その3

1枚の絵を映す

用意するもの

鏡、絵を描いた画用紙

スティックの絵が変化する？

遊び方

絵に対して垂直に鏡を立てて、いろいろと置き場所を変えながら、絵と鏡に映った絵の変化を楽しむ。

さらに**不思議な世界**が広がる

2枚の鏡で遊ぼう！

鏡を2枚合わせると、ますます不思議な世界が映ります。
永遠に続く謎のような、ミラクルワールドへようこそ！

鏡を2枚合わせて、片側を粘着テープでとめ、屏風のように開いて立つ、折りたたみ式鏡を作る。

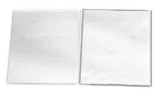

その1

スーパーボールをはさむ

わあ、不思議！
ドーナッツみたい！

用意するもの

鏡、粘着テープ、
スーパーボール

遊び方

上で作った鏡の間にスーパーボールをはさみ、隙間から鏡の世界を見る。

その2

ケーキやピザの
絵を映す

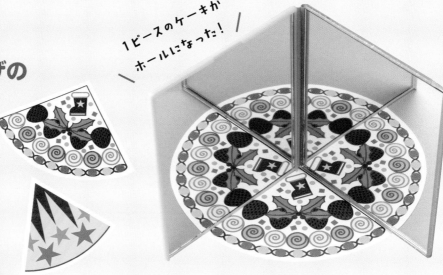

1ピースのケーキが
ホールになった！

用意するもの

左ページで作った
折りたたみ式鏡、
ケーキやピザを
描いた絵など

左ページで作った

遊び方

1ピースサイズのケーキ
やピザの絵の上に、開
いた鏡を立たせて見る。
角度や置き方を変える
と、見え方がいろいろに
なっておもしろい！

あれ、今度は
四角いケーキだ！

ピザがお花に
変身したよ！

遊びの発展

迷宮入り？ 無限BOX

向かい合わせに2枚の鏡をつけた箱。
鏡をのぞくと、無限に続く
不思議な鏡のトンネルが現れます。

用意するもの

ダンボール箱、紙パック、鏡2枚、黒い画用紙、両面テープ、
カラー粘着テープ、接着剤、ダンボール板

作り方

ふたと底を外したダンボール箱の内側に、黒
い画用紙を貼り、イラストのように、切り取っ
た紙パックを四隅に接着材で貼り、向かい合
わせになるように鏡2枚を両面テープでつけ
る。箱にカラー粘着テープを貼って飾る。両
サイドにダンボール板で持ち手をつける。

遊び方

ボックスを両手で持
ち、上や下の端からの
ぞき込む。無限に像
が連続してつながって
いく様子がわかるよう
に、保育者がボックス
の中に手やものを入
れてサポート。

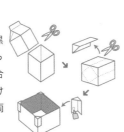

壁の向こう側も後ろも見えちゃう！

360度回転
不思議潜望鏡

紙パックと鏡で作る潜望鏡。真ん中部分に
筒形の容器を組み合わせ、
ミラー部分が360度回る仕組みです。

用意するもの

1ℓの紙パック2本、ポテトチップスの円筒容器2本、
工作用ミラーシート、片ダンボール、厚紙、両面テープ、
ビニールテープ

作り方

1 紙パック上部を切り取り、底に面した側面にイラストのよ
　うに切り込みを入れる（高さ98mmくらい）。この切り開いた
　面に、厚紙に貼ったミラーシートを両面テープで貼りつけ
　る。これを2本作る。

2 ミラーシートを貼った面を紙パックの内側に押し倒し、対
　面に当たる場所で止まるように、厚紙で作ったストッパー
　を両面テープで貼りつける（鏡の角度が45度になる）。も
　う1本も同じように作る。

3 底を切り抜いたポテトチップスの円筒を、紙パックの飲み
　口側に4～5cm差し込み、両面テープやビニールテープで
　固定する。これを2本作る。

4 一方の円筒の縁に、12～15cmくらいの幅に切った片ダン
　ボールを半分くらいが飛び出すように両面テープで貼りつ
　ける。これが本体上部。下部になるもう一方の円筒に、こ
　れをかぶせる。

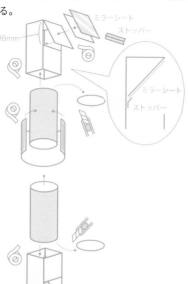

ミラーシート
ストッパー
98mm
ミラーシート
ストッパー

造形のコツ

ミラーシートはゆ
がみやすいので厚
紙に貼りつける。

ここをくるくる
回すと、
360度周囲を
見ることができる！

造形のコツ

ポテトチップスの円
筒は、100円ショッ
プなどで売っている
小型サイズのものが
作りやすい。

ここから
のぞいて
見るよ！

遊び方

下の窓をのぞいて、何が映っているのか見て遊ぶ。棚や仕切りの向こう側など、見えない場所を見ると楽しい。真ん中のグリップ（片ダンボール部分）を回すと、後ろの様子も見ることができる。

こんなふうに見えるよ！

ちょこっとコラム

どうして、のぞくと向こうや後ろが見えるの？

潜望鏡とは、潜水艦の中から海上の様子を見る望遠鏡のことです。2枚の鏡を使って、光を屈折、反射させるので、上の窓（鏡）に映った様子を下の窓（鏡）に映して見ることができます。この工作では、上部の窓が前を向いているときは、画像は普通に見え、のぞき窓を後ろ向きに回すと、画像は上下が逆さまに。では、横に向けるとどんなふうに見えるかな？ 子どもたちと実験してみてください。

何色があるかよく見てみよう

鏡と水を使って虹づくり

雨上がりの空に現れる虹。
赤、オレンジ、黄、緑、青、藍、紫の七色の
色の帯をよく見ると、グラデーションになっています。
つまり、七色の間に無数の色があるのです。
空に虹を見る機会は、なかなかないので、
簡単に虹を作って楽しみましょう。

用意するもの

たらいや水槽など、鏡、水、黒い傘など

遊び方

たらいや水槽などに八分目くらいまで水を入れ、そこに鏡を立てかけます。太陽の光を鏡に当てると、反射した光が虹になって現れます。黒い傘など、色の暗いものに反射させると、虹色がよく見えます。

＊鏡が滑ってしまう場合は、輪ゴムなどで固定するなどの工夫を。

注意 ⚠ 太陽の光、反射した光は直接見ないように注意してください。

ちょこっとコラム

どうして虹ができるの？

無数の色が混ざり合っている太陽の光が、水面に入るときに屈折し、鏡に当たって反射すると、それぞれの色に分かれ、虹になって現れます。

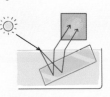

「わくわく」や「ドキドキ」が
導いてくれる世界へ

「かがく遊び」というラベルが貼られると、なんとなく"お勉強"への架け橋のようなイメージを持ってしまうかもしれません。でも、築地制作所が提案する「造形かがく遊び」は、勉強への興味・関心を導き出すものではありません。

造形かがく遊びでは、自分の手を動かしておもちゃを作り（難しい部分は大人が作って、子どもは仕上げの飾りつけをするだけでもOK）、夢中になって遊ぶ過程で出会う、たくさんの「わくわく」や「ドキドキ」を大切にしています。そして、そのちょっとした心の機微に気づき、温かなまなざしで見守り、余計なお節介はせずに、でも必要なときには手を差し伸べながら、そっと育んでいくのが大人の役目。

子どもたちの内から自然に湧き上がった「わくわく」や「ドキドキ」は、やがて「大好きなこと」「もっと知りたいこと」へと子どもたちを導いてくれます。そこが、「かがく遊び」の入り口で、「自然科学」へとつながっていくのだと考えています。

そもそも、「かがく」ってなに？ と子どもに問われたら、なんと答えたらいいのでしょう。「科学的だ」とか「非科学的だ」など、大人は何気なく口にしていますが、子どもに説明するとなると、難しい……ですよね。科学とは難解で特別な学問だと思い込んでいるからなのかもしれません。でも、科学の授業がチンプンカンプンだった高校生のときにはわかりませんでしたが、いまならわかる気がします。

「かがくとは、毎日の生活すべてのこと」

息をしたり、ごはんを作ったり、食べたり、お風呂に入ったり、海や山に出かけたり、電車に乗ったり、星空を眺めたり、話したり、歌ったり、踊ったり、絵を描くことも、ぜーんぶ「かがく」。つまり、子どもたちにとっては、遊びのすべてが「かがく」ということなのです。

ぜひ、造形かがく遊びを通して、「びっくり！ たのしい！ おもしろい！」体験を、子どもと一緒にたっぷりしてみてください。毎日の何げないことが、キラキラと輝いて見えてくるでしょう。そう、それはきっと、子どもたちが見ている風景なのです。

築地制作所

身近な素材「洗濯ばさみ」でブロック遊び

身のまわりにあるものも、ちょっと視点を変えれば、
造形かがく遊びの素材に早変わり！
どの家庭にもある（であろう）洗濯ばさみには、
バネがついています。
この「バネでものがはさめる」「同じ形がたくさん揃う」
という特性を生かしたブロック遊びを紹介します。

用意するもの

洗濯ばさみ、割りばし、紙皿、モール、丸シールなど

作り方

洗濯ばさみをつなげて、いろいろな形に仕上げる。
割りばしや紙皿を土台にしてもOK。
丸シールやモールなどを飾って仕上げれば、完成度がアップ。

割りばしを
土台にする

ハシトンボ

カミザラカニ

紙皿を
土台にする

トリカイジュウ

モールを
はさんで
ヒゲをつける

イセエビモドキ

ビッグフラワー

ワンワンイヌ

グラグラしたり、
はさまりにくい
場合は、
セロハンテープで
貼りつけて補強。

割りばしを
茎にする

洗濯ばさみは、
種類や色が豊富なので、
さまざまな形のものを
取り揃えると
おもしろい。

111

著者（プラン・制作）

築地制作所

つきじせいさくしょ ● 造形作家（佐々木伸、立花愛子、とりごえこうじ）とフリー編集者（青木智子、神﨑典子、木村里恵子）による制作ユニットとして2005年に結成。「造形と子どもの遊び」をテーマに、保育雑誌、子育て雑誌、書籍、講習会など媒体を問わず活動を展開。著書に『5回で折れる！ 遊べる折り紙』『3歳からのはじめてのおりがみ遊び』『すぐに作れて大満足 かんたん！ 遊べる！ ビックリ工作』（ともにPHP研究所）などがある。2017年にリーダーの立花愛子が逝去。現在もそのマインドを受け継ぎ、造形かがく遊びを多くの子どもたちに届けている。

アートディレクション	石倉ヒロユキ（レジア）
デザイン	和田美沙季、上條美来、小池佳代（レジア）
イラスト	佐々木伸、とりごえこうじ、福々ちえ
撮影	大村昌之、北原裕司、茶山 浩、藤田修平
執筆・編集	神﨑典子
校正	松井正宏
単行本担当編集	阿部忠彦（小学館）
連載担当編集	神﨑典子、中村雅和、阿部忠彦、松田貴志子（小学館）

撮影協力

小学館アカデミーかりやど保育園（神奈川・川崎市）
小学館アカデミー西いくた保育園（神奈川・川崎市）
八国山保育園（東京・東村山市）
クレヨン（モデル：大澤マリア、原島健豪）
NEWSエンターテインメント（モデル：白鳥 廉、田村泰多、戸叶 杏、並木 唯）

本書は、『新 幼児と保育』2015年4/5月号〜10/11月号、2016年2/3月号〜6/7月号、10/11月号、2017年2/3月号、6/7月号〜10/11月号、2017〜2018年12/1月号、2018年2/3月号、8/9月号、10/11月号、2019年2/3月号〜10/11月号、2020年2/3月号〜10/11月号、2020〜2021年12/1月号、2021年2/3月号〜10/11月号、2021〜2022年12/1月号、2022年春号〜2023年冬号、2023年春号、夏号、冬号、増刊『0・1・2歳児の保育』2012夏に掲載した記事に、加筆し、再構成したものです。

新 幼児と保育 BOOK

びっくり！ たのしい！ おもしろい！

造形かがく遊び

2023年11月27日　初版第1刷発行

発行人　北川吉隆
発行所　株式会社 小学館
　　　　〒101-8001 東京都千代田区一ツ橋2-3-1
編集　03-3230-5686
販売　03-5281-3555
印刷所　TOPPAN株式会社
製本所　牧製本印刷株式会社

© Tsukijiseisakusyo 2023
Printed in Japan
ISBN 978-4-09-840236-6

小学館webアンケートに
感想をお寄せください。

毎月100名様 図書カードNEXTプレゼント！

読者アンケートにお答えいただいた方の中から抽選で毎月100名様に図書カードNEXT500円分を贈呈いたします。

応募はこちらから！▶▶▶▶▶▶▶
http://e.sgkm.jp/840236

（造形かがく遊び）